Gabriel, AMOR NA ETERNIDADE

DEUS JAMAIS SEPARA AQUELES QUE SE AMAM

NILTON STUQUI

Pelo Irmão

GABRIEL MARTINS

Gabriel, amor na eternidade

Editores: *Luiz Saegusa e Claudia Saegusa*
Capa: *Thamara Fraga*
Projeto gráfico e diagramação: *Gerson Reis | Estúdio Ciça Reis Comunicação*
Revisão: *Miriam Dias*
1ª Edição: *2012*
Impresso no Brasil *Printed in Brazil*

InteLítera. EDITORA

Rua Lucrécia Maciel, 39 – Vila Guarani
CEP 04314-130 – São Paulo – SP
11 2369-5377
www.intelitera.com.br
@intelitera facebook.com/intelitera

Dados Internacionais de Catalogação na Publicação (CIP)
(Câmara Brasileira do Livro, SP, Brasil)

Martins, Gabriel (Espírito).
Gabriel, amor na eternidade / pelo espírito Gabriel Martins ; [psicógrafo] Nilton Cesar Stuqui. -- 1. ed. -- São Paulo : Intelítera Editora, 2012.

1. Espiritismo 2. Psicografia 3. Romance espírita I. Stuqui, Nilton Cesar. II. Título.

12-06024 CDD-133.9

Índices para catálogo sistemático:

1. Romance espírita : Espiritismo 133.9

ISBN: 978-85-63808-17-2

Gabriel, AMOR NA ETERNIDADE

DEUS JAMAIS SEPARA AQUELES QUE SE AMAM

NILTON STUQUI

Pelo Irmão

GABRIEL MARTINS

InteLítera EDITORA

Rua Floriano Peixoto, Nº 369 – Neves Paulista – SP – CEP 15120-000
CNPJ n. 08.202.845/0001-71

Sumário

DEUS JAMAIS SEPARA AQUELES QUE SE AMAM

Apresentação

Assim que despertamos para os interesses da evolução de forma mais consciente, passamos a ser orientados por amigos queridos que nos educam interiormente.

A primeira tarefa foi catalogar minhas próprias experiências quanto às interpretações da "vida além da vida", os experimentos do coma e a sequência após a desencarnação. Foi o que relatamos com simplicidade, em nosso primeiro livro "Gabriel, Esperança Além da Vida".

A vivência neste Plano da Eternidade nos educa os sentidos morais a toda hora. Dimas, nosso orientador e amigo, tem multiplicado esforços para que possamos escrever com o propósito de esclarecer. Diz ele que "toda palavra escrita, falada ou pensada tem força e poder de influenciação". Por isso, deve ser conduzida por caminhos de amor puro, de modo a ser aproveitada para o esclarecimento dos companheiros de jornada.

Em "Gabriel, Esperança Além da Vida", escrevi para meus pais que, por amor, resolveram dividir as informações recebidas com as outras pessoas.

Não sendo escritor, pelo menos nas existências das quais me recordo, não podia contribuir muito no campo de literatura e gramática. Por isso, penso que escrevo para familiares.

Nesta nossa nova proposta, escrevemos relatos de amigos, sem a pretensão de aparentar evolução que não possuímos ainda. Tudo que narramos nas próximas páginas são experiências colhidas no dia a dia, e esperamos que possam contribuir para a felicidade de muitos.

Nossos corações se alegram, pois sabemos que cada palavra expressada com amor faz nascer um novo amigo e eleva aqueles que já amamos.

Agradeço ao amigo e irmão Dimas, meu instrutor, que nos conduz por caminhos de felicidade.

Agradeço aos meus pais, por oferecerem às pessoas o direito à própria consolação, quanto à "separação momentânea".

E seguimos crendo que Jesus nos ampara perante as fragilidades pessoais – conforme nos trouxe Kardec no contexto doutrinário –, permanecendo apaixonados pela vida que Deus nos dá.

Desde já agradeço ao amigo leitor por me proporcionar a alegria deste contato através do pensamento.

Ah! Agradeço também ao amigo médium por me emprestar a mente e o coração.

Muita paz a todos.

Gabriel

25 de janeiro de 2012

Descoberta interior

Agora, depois de quase dois anos de estadia neste lugar, já me acostumei. Tudo flui com naturalidade. Por vezes, já não consigo mais relembrar os momentos iniciais com a mesma energia. Recordo-me de tudo, mas não sinto como antes. Tenho consciência de que a minha habitação é aqui. Sinto-me residente deste Plano. A Terra, para mim, é oficina de trabalho e evolução. Vez ou outra, com a chegada de novos amigos, sou levado a relembrar fatos que há tempos não visitavam minha tela mental.

Quase todos que chegam por aqui não se dão conta da desencarnação de imediato. Leva algum tempo para perceberem a nova realidade. Acreditam que ainda estão no Plano Terrestre, mas logo encontram o primeiro obstáculo: o das vibrações, pois os que estão aqui há algum tempo já se acostumaram a pensar e agir em conformidade com a verdade de Deus.

Não afirmam o que não sabem e esta forma de equilibrar o pensamento cria vibrações sutilíssimas que tornam o ambiente agradável. E aqueles que falam sem educar as palavras destoam dos que estão à sua volta e não se animam com as conversas de baixo teor espiritual. Nesta hora, percebem que suas ideias terrenas não encontram eco por aqui.

A educação exercitada entre nós atinge elevação e equilíbrio, porque passamos a entender que as palavras são dotadas de forças direcionadas a quem se destinam ou a quem as profere.

As palavras melancólicas deixam o ambiente mental de quem as pronuncia carregado de angústia, assim como os otimistas fazem florescer o jardim do próprio coração.

Quando recebemos novos moradores, a primeira coisa a fazer, assim que despertam a consciência de si mesmos e se situam no tempo, é orientá-los sobre a mudança de hábito no que se refere ao pensamento e à fala.

Sei que alguns vão pensar que exigimos reforma instantânea dos recém-chegados, mas advertimos que os que chegam por aqui trazem consigo uma bagagem moral adormecida ou encoberta pelos vícios e influências do meio, da convivência infeliz.

Aos que reclamam, ensinamos a prática da paciência por meio de longos diálogos, durante os quais desabafam suas mágoas.

Aos nervosos, indicamos a paz nascida na aceitação.

Aos infelizes, orientamos o conhecimento de si com a prática de autoanálises aprofundadas. Assim vai se formando a nova carga de pensamentos com o qual o companheiro irá se relacionar.

É importante lembrar que a bagagem espiritual obtida ao longo dos séculos não se perde, mas por vezes permanece adormecida no íntimo de cada um e só desperta quando sabiamente estimulada pelo amor ou quando é despertada pelos trovões da dor moral.

Neste Plano, o lema é crescimento e, para isso, é preciso deixar para trás a arrogância dos conceitos egoístas e orgulhosos, pois ninguém evolui estando atrelado a hábitos tão infelizes.

Nossa primeira aula sempre é coletiva, é uma dinâmica de

grupo que objetiva o conhecimento entre os alunos.

Ao relatarem seus gostos e costumes, acabam percebendo que têm muito a ser mudado. É uma descoberta particular, já que aqui ninguém aponta defeitos alheios. O envolvimento entre eles é tão importante que um acaba auxiliando na descoberta do outro e muitas vezes um consola a dor do outro.

O silêncio também é respeitado. Muitos aprendem observando, nada pode ser forçado.

Vemos o jovem imprudente, que traz a consciência culpada por ter favorecido a própria desencarnação, desabar em lágrimas ao ouvir o companheiro relatar seu drama pessoal, e se colocar no lugar do outro, cuja história se assemelha à sua. Então percebe o que tinha guardado dentro de si, assumindo para a consciência que realmente foi o autor, mesmo sem intenção, do ato que culminou na própria desencarnação.

Por meio de figuras desenhadas por eles, psicólogos lhes mostram o próprio retrato íntimo. É um trabalho demorado, mas que traz resultados impressionantes. É a educação paciente, que respeita o tempo de cada um.

Por exemplo: se relatarmos para um recém-chegado, sem instrução espiritual, que ele está desencarnado e que é culpado pela própria morte física, ele automaticamente negará, pois ainda não está amadurecido o suficiente para compreender e reunir esforços para seguir adiante.

É pena que na Terra a maioria das criaturas não se prepara para chegar nesta margem da verdadeira vida, pois, se as pessoas compreendessem a realidade à qual adentram, dariam uma grande contribuição ao próprio progresso.

Há poucos dias visitei, com o Dimas, nosso amigo e instrutor, o gabinete onde estas terapias são aplicadas e tive a oportunidade de conhecer Mariano, vindo da crosta há pouco tempo, depois de ser atingido por um projétil e desencarnar.

Estava ali em meio aos demais. Olhar longínquo, lábios entreabertos, cabelos em desalinho, completamente alheio a tudo. Já tinha percebido que havia desencarnado, mas não conseguia retornar à realidade.

Dimas aproximou-se dele e disse:

– Como está o irmão Mariano?

Fez um gesto com a cabeça e mordeu os lábios como a dizer "Estou perdido, sem nada compreender", e disse:

– Vai indo.

– É preciso se concentrar. – falou o instrutor, querendo ajudar.

– Sinto-me vazio. – retrucou o jovem.

– Tenho consciência de que já não estou mais no corpo físico, mas algo ainda me tortura a mente.

– Estou aqui há três semanas e minha mente me faz procurar outros ambientes.

– É preciso ter calma. – afirmou o benfeitor.

– Não exija de si algo além de suas forças. Ainda é muito cedo para que você faça uma viagem interior com sucesso. Há caminhos a percorrer. Comece considerando a possibilidade do perdão ao agressor. Este é o mais importante.

– Quando o coração consegue se elevar acima da mágoa e do desejo venenoso de vingança, tudo fica mais fácil. Você é humano e, como tal, carrega imperfeições naturais. Já pensou em orar?

– Sim. – respondeu de imediato.

– Mas a concentração é rara. Parece que estou hipnotizado.

Não é raiva o que sinto. Nem ódio. Estou inconformado. Eu tinha tanta coisa para fazer e tudo foi interrompido por um crime...

– Não entre por este caminho. – afirmou Dimas.

– A falta de aceitação conduz o aluno a extirpar o conhecimento. Antes, porém, relembre que, segundo o Mestre Jesus, "Não cai uma única folha de uma árvore sem que o Pai permita".

– Relembrar a causa da sua desencarnação ou o causador não lhe garantirá resultado positivo, enquanto não consolidar a ideia justa de que somos todos devedores de um passado adormecido pelo Pai, para o nosso bem.

– O fato de ignorarmos algo a nosso respeito não nos dá a certidão legítima de que somos inocentes.

– Vamos orar juntos, a fim de que você equilibre sua fé, e com o passar dos dias poderá, com a mente mais aberta, avaliar melhor sua situação.

Vi ambos orarem juntos por cerca de 30 minutos. Ao terminarem, já era possível ver o jovem mais desperto. O amigo ainda falou-lhe algumas palavras de reconforto, prometendo retornar no dia seguinte.

Em poucos dias, Mariano já aceitava a nova situação com mais naturalidade. Ainda teria de frequentar o grupo de terapia para aprender mais.

Também se inscreveu no grupo de estudos espíritas, no intuito de se preparar para escrever aos pais, no futuro. E para isso tinha de aprender um pouco mais sobre os mecanismos da mediunidade[1].

1 **Mecanismos da mediunidade:** Para que um Espírito se comunique é necessário que se estabeleça a sintonia da mente encarnada com a desencarnada. Este é o mecanismo das comunicações espíritas, mecanismo básico que se desdobra, todavia,

Depois de algum tempo, ele já estava apto a escrever para seus familiares.

O homem é uma página a ser escrita. Sua capacidade de superação é impressionante. Quando quer, de verdade, consegue reunir forças e dar a volta por cima. Basta desejar, ter paciência, fé e amor.

em nuanças infinitas de acordo com o tipo de mediunidade, estado psíquico dos agentes – ativo e passivo – valores espirituais, etc. Sintonizando-se o comunicante com o medianeiro, o pensamento do primeiro se exterioriza através do campo físico do segundo, em forma de mensagem grafada ou audível.

CANAL BENDITO

A SAUDADE TOMAVA VULTO EM MEU CORAÇÃO. APÓS BUSCAR SOCORRO NO CORAÇÃO DO INSTRUTOR QUERIDO, OUVINDO-LHE ELUCIDAÇÕES DE CONFORTO, descemos até a crosta[2], a fim de nos aproximarmos do medianeiro[3] ao qual nos afeiçoamos.

Não tínhamos o direito de transmitir aos familiares terrenos nossas vibrações desequilibradas. É claro que, sempre que possível, buscamos o aconchego doméstico, mas temos por princípio que, se não possuímos algo de bom para oferecer, é melhor nos afastarmos.

Ao contato com o medianeiro, pude sentir suas energias, e quando nos ligamos em pensamento, absorvi suas vibrações de reconforto.

Busquei em seu interior a formação feliz de uma família organizada.

Senti-me envolvido nessas energias e, como se eu mesmo estivesse vivendo tais vibrações, senti meu coração se acalmar.

---

2 **Crosta:** [do latim *crusta*] Designação dada pelo Espírito André Luiz à região espiritual mais próxima da Terra, onde perambulam os Espíritos desencarnados ainda muito vinculados às sensações e aos interesses materiais.
3 **Medianeiro:** médium.

Era como se encontrasse o oásis em meio ao calor desértico. Em breves instantes, todos aqueles sentimentos obscuros desapareceram. Então pude respirar e refletir – agora com a mente clareada pelas vibrações elevadas –, sobre o irmão que se consagrou em nos oferecer alívio e amor.

Ao retornar à Colônia, fui buscar o auxílio esclarecedor do companheiro Dimas e lhe perguntei:

– Irmão, o que aconteceu comigo hoje? Estava tão desgastado e, ao tocar o medianeiro, me senti renovado. Que força é essa?

– É a força mediúnica. – disse-me o companheiro.

– Nosso irmão, dotado dessa força, foi para você o laboratório onde suas energias foram filtradas. Nesta simbiose, você recebeu a força que vibrava dentro dele e, como ele estava em momento de iluminação, pôde socorrê-lo. Mas há casos, Gabriel, em que o médium não se prepara espiritualmente e moralmente e, deste modo, nada tem a oferecer aos visitadores de coração vacilante. Recorda que o Senhor nos advertiu de que *"todo aquele que estiver em mim, eu estarei com ele"*.

– A prece fortalece a alma. O amor consubstancia a vida. Haverá instantes em que nosso irmão, médium, não poderá oferecer a você tais recursos, devido à má interpretação dos assuntos da vida. Creia, amigo, que onde há amor, sempre haverá paz e felicidade.

Fiquei pensando nessas informações. Enquanto estava na Terra, jamais cogitei em tais condições de energia. Hoje, percebo que nosso coração, quando dotado de amor, se faz poderosa ferramenta de socorro aos necessitados do espírito.

Após o encontro com o laboratório mediúnico[4], eu recupe-

4 **Laboratório mediúnico:** médium.

rei a alegria interior. Aprendi que Deus sempre nos aguarda com consolações benditas e que poucas vezes valorizamos.

Agradeço ao Pai por sua bendita ação justa em minha vida.

amor...

Alegre recepção

Por aqui, aprendi que cada ser tem características bem individuais, que correspondem ao grau de evolução de cada um. Assim, todos caminham rumo ao próprio crescimento. Então sempre encontraremos amigos que carregam hábitos bem particulares, de acordo com sua evolução e os tipos de experiências que viveram.

Quando aqui cheguei, um jovem me chamou a atenção por se tratar de um companheiro que observa a vida de modo bem parecido com o meu.

Cabelos até os ombros, olhar penetrante, vocabulário próprio e muitos amigos. Quase sempre está rodeado por companheiros.

Trabalhava no pavilhão dos sofredores ligados à Terra, devido à sua grande capacidade de promover diálogos, mesmo com os mais sisudos.

Trata-se do irmão Nickolas, que foi para mim um exemplo.

Sua serenidade transmitia-me conforto. Lembro-me de uma conversa que tivemos logo que cheguei aqui. Ele veio ao meu encontro, acompanhado pelo Dimas, e me disse:

– Como vai, amigo recém-chegado? Espero que tenha feito

uma belíssima viagem, pois ela nos inspira a pensar. O céu, visto daqui, tem uma expressão bem mais impressionante do que da Terra. Fique à vontade.

Eu estava um pouco tímido. Afinal, tudo para mim era novidade, mas respondi:

– Sim, é belíssima a paisagem.

Fiquei muito impressionado. Nunca, na Terra, havia observado o céu de forma tão aproximada.

– Eu sempre gostei dos astros. – falou-me, buscando favorecer nossa relação.

– Sempre fiquei atraído pela abóbada celeste. A noção de liberdade oferecida pelo espaço infinito, a disciplina dos astros, que gravitam sem sair de sua órbita. Tudo isso sempre me chamou a atenção. Quando estiver mais ambientado, talvez possamos estudar mais sobre as constelações. Sei que precisa descansar. Mais tarde virei falar com você. Até mais.

Ele se despediu e saiu cantarolando. Eu perguntei para o mentor de quem se tratava e ele respondeu:

– Nickolas está aqui há dois anos. Veio para cá, assim como você, devido a um acidente, mas, desde o princípio, procurou desvencilhar-se das ligações com a Terra. Sua família teve uma aceitação considerável, fazendo com que ele pudesse se desprender com maior facilidade. Ao contrário de muitas que não deixam o ente querido desencarnado seguir seu novo caminho em paz.

– A forma com que a criança é educada, os exemplos que lhe são passados, a cultura com que crescem são definitivos para que no futuro se torne uma pessoa de coragem, segura, confiante e livre para buscar a própria evolução.

– Nosso irmão partiu deste Plano para a Terra com uma

bagagem muito boa. Em sua última existência, conheceu a Astronomia e se apaixonou pelos astros e suas especificações. Sempre foi espírito jovial. Viveu em sua penúltima existência pouco mais de 50 anos e, vitimado pela tuberculose, retornou à nossa pátria espiritual.

– Não se casou nem teve filhos. Viveu enamorado com uma moça por longos anos, mas não chegaram a se casar. Sua noção de liberdade o impelia a viajar muito. Tudo que financeiramente juntava era para suas viagens pelo mundo. Desse modo, criou algumas dívidas consigo mesmo. A necessidade de se ter uma família, de obedecer a regras sociais, de ligar-se com mais propriedade a um lar... O tempo em que permaneceu desencarnado serviu para aumentar seus conhecimentos.

– Desejava reencarnar para contribuir com a Astronomia, mas, após falar com um dos instrutores que preparam as reencarnações, decidiu renascer com provas restritas ao lar. Viveria poucos anos para restabelecer laços familiares e quitar antigos débitos de uma época na qual, sem refletir, teve uma vida sem compromissos, dificultando a existência dos que o rodeavam.

– Nossa! – exclamei.

– Nunca imaginei que uma existência fosse tão bem planejada.

– Tudo é detalhadamente estudado. – falou Dimas.

– Ninguém chegará ao campo de aperfeiçoamento sem ter recebido instruções quanto à tarefa a realizar. Os anos em que ele permaneceu por lá lhe foram suficientes para entender o que é um lar, o quanto vale o amor familiar. Ele sempre será espírito livre, mas agora já compreende que algumas regras são necessárias à evolução.

– Nem tudo pode ser feito do nosso modo. A vida obedece a normas bem concêntricas, e não podemos esquecer que sem disciplina não alcançaremos a evolução.

Dimas levou-me até o apartamento e me deixou. Mais tarde, pude conhecer melhor esse novo companheiro, Nickolas que, com o passar dos dias, se tornou um grande amigo. Com ele aprendi muitas coisas, mas o que mais me ensina é a sua alegria. Ele contagia a todos com seu jeito, e os problemas perdem força nas suas palavras. Aprendi com ele que o sorriso e a alegria compõem um mundo mais feliz, possibilitando um encontro mais aceitável com as próprias provas.

A própria dor, se encarada com bom humor, será uma companheira salutar. Ser alegre de verdade garante crescimento mais rápido, pois, quando estamos felizes, não percebemos o tempo atravessar nossos dias.

Aqui, onde a maioria que chega são jovens extraídos do lar bruscamente, a dor é bem visível, e, se encontrarem auxílio no bom humor, na alegria de quem os ensina, na certeza de que somos eternos, tudo fica mais fácil.

A presença do Nickolas em minha vida foi fundamental para que eu me integrasse com maior facilidade com os outros moradores.

Creio que, por maior que seja a dor, ela sempre poderá ser amenizada com um pouco de humor, pois, assim, abrimos as portas para que a alegria possa entrar.

Hoje sou muito feliz e sempre me recordarei desse amigo que me mostrou que um sorriso abre muitas portas.

O amor, na maioria das vezes, nasce num pequeno sorriso, e por aqui sorrir é curar a saudade.

Conversação sadia

A tarde surgia bela. Os raios do sol inundavam a atmosfera de intraduzível beleza, nos convidando a um passeio muito agradável.

As árvores floridas preenchiam a paisagem de variadas cores.

Os filetes d'água, que cortam os bosques verdejantes, refletiam o dourado solar. Sem pestanejar, enveredei-me por entre os vários caminhos que trilhavam a vastidão da campina.

O ambiente convidava-me a reflexões profundas. Coloquei--me a orar, agradecendo todas aquelas bênçãos naturais.

Adiante, encontrei um jovem que, como eu, passeava por ali para organizar as ideias.

– Olá! – falei, cumprimentando-o.

– Como vai, Rafael! Dando uma volta para espairecer?

– É. – respondeu.

– Estou procurando paz. Preciso acalmar a saudade.

– Há quanto tempo está aqui? – perguntei, interessado.

– Há seis meses, cheguei por aqui. – respondeu, cabisbaixo.

– Fui vitimado pela leucemia. No começo, aceitei com naturalidade. Compreendo a necessidade da minha evolução. Era necessário acertar débitos com os companheiros do passado. Mas o que mais tem me preocupado é o antigo lar. Meus pais têm sofrido muito com a minha ausência. Há noites em que chego a sonhar que estou por lá e a dor deles se torna mais visível para mim.

– Você já falou sobre isso com o Dimas?

– Algumas vezes, mas ele é ocupado demais para ser incomodado por assuntos tão meus. Eu preciso dar conta sozinho. Eu já escrevi para eles, mas não modificou muita coisa. Meu pai desejava um depoimento mais particularizado, não conseguiu me identificar na mensagem.

– É assim mesmo. – complementei.

– Os familiares e amigos da Terra sempre esperam que nós, os desencarnados, possamos resolver seus problemas. Mesmo aqueles que nos amam mais. Como diz no Evangelho *"É preciso ter olhos de ver e ouvidos de ouvir"*, ou seja, acredita aquele que está amadurecido, pronto.

– Mas é muito importante, Rafael, que você não penetre nessas faixas de desequilíbrio familiar. Cada um recebe de acordo com o que plantou.

– Eu entendo. – afirmou.

– Procurei contar a eles tão somente as benesses que encontrei por aqui. Falei das flores, dos pássaros, dos amigos que me tutelam a alma. Falei do meu estado de pura aceitação e pedi para que não sofressem tanto por mim.

– Minha mãe sentiu-se aliviada, chorou, mas ficou mais reconfortada. Meu pai agiu diferente. Preferiu permanecer com os próprios conceitos particulares. Ainda hoje tenho sentido os pensamentos deles à minha volta. Parece que os ouço chorar a meu lado. O que fazer, meu amigo?

– O primeiro passo é ter calma. – respondi, desejando acalmá-lo.

– Tudo precisa de tempo para se resolver. Nada que aconteça antecipadamente pode nos garantir perfeição. Vamos fazer o seguinte: sei que a caminhada está ótima, mas acredito que devemos procurar nosso orientador. O Dimas saberá nos religar com a serenidade pessoal. O que você acha?

– Ótimo! – respondeu, interessado.

– Creio que sozinho não vou chegar a lugar algum. Além do mais, nem sei como ajudar meus pais na Terra.

Deixamos aquela linda paisagem e fomos para o apartamento do amigo instrutor, onde o encontramos envolvido com inúmeros papéis. Não foi preciso dizer nada. Ao nos ver, ele já veio ao nosso encontro sorrindo e falou:

– Que bom que vieram! É bom receber amigos em casa. Venham, sentem-se. Vou servir um chá. Assim falaremos com mais tranquilidade. Ainda tenho duas horas antes de iniciar as tarefas na crosta.

– Dimas, – falei iniciando o diálogo –, encontrei com o Rafael lá nos Bosques da Paz, conversamos um pouco e, juntos, concluímos que ele precisa da sua ajuda.

– Sim, sim. – falou, compassivo.

– Estou aqui para isso. Vejo que seu coração está apertado. Sofrendo com a falta de aceitação de seus pais. Isso é bem comum, meu amigo. Na vida, ninguém se prepara para enfrentar a noite escura da saudade, nem a rigorosidade da morte física.

– Seus pais enfrentam provas árduas diante da sua partida. A leucemia consumiu seu antigo corpo com velocidade e, em poucos dias, você atravessou as portas rumo a este Plano. Eles não estavam preparados e, perante a mensagem que receberam através da mediunidade, se prenderam mais ao interesse das particularidades do que propriamente ao conteúdo. E é justamente na essência da mensagem que encontrarão alívio e consolo.

– Sua mãe se eleva para retirar de cada linha um pouco do amor que julga estar longe. Com o que está ali, traduzido na sua mensagem, ela procura enxergar esse amor.

– Não desista, filho. E, sempre que houver oportunidade, escreva para eles falando a verdade sobre a realidade que experimenta aqui. Não se preocupe tanto assim com eles. Antes, faça a sua parte na construção do bem coletivo e estará lhes enviando a maior mensagem da vida, o amor.

– Cubra-os com seus melhores pensamentos. Aceite-os como são e ore para que não lhes falte compreensão. Nós sabemos que a Terra é uma estação preparatória, onde talhamos a alma fatigada no egoísmo. Ainda é cedo para fazer qualquer julgamento. Seu passado de erros ainda está encoberto pelo esquecimento. Quando sua consciência despertar integralmente, você saberá o porquê da dor que os atinge agora.

– Creia que não há injustiças da parte de Deus, nem falhas na Lei de Ação e Reação. Será o estudo que os fortalecerá, fazendo com que reconheçam você em qualquer linha que escreva. Não se deixe abater. Erga a fronte, olhe para o horizonte, inicie a marcha progressista e deixe para trás qualquer nota de pessimismo.

Os olhos de Rafael encheram-se de lágrimas, demonstrando que ele tinha entendido a lição. Então ele perguntou:

– Será que um dia serão felizes novamente?

– Claro que sim. – afirmou o benfeitor.

– Ninguém está abandonado pelo Pai. Seus genitores recebem o auxílio constante de amigos da nossa Esfera. O amor de Deus vela por todos nós. Quanto à felicidade completa, isso nós não podemos afirmar, pois depende da interpretação de cada um perante as provas que examinam seus corações.

– Meu amigo, volte para o seu passeio, mas ao invés de refletir sobre as angústias, procure ressaltar as belezas que Deus põe diante de seus olhos. Colha as sensações amigáveis e, ao viajar para dentro de si mesmo, somente leve a bagagem do desejo de servir a seu próximo.

O benfeitor não poderia ser mais claro, e eu ali ao lado absorvia cada ensinamento, recordando que eu também tinha atravessado aquele cipoal de ideias sem controle.

Após receber o auxílio, retornamos ao nosso passeio.

Rafael estava bem mais calmo e tranquilo. Caminhamos cerca de duas horas, trocando ideias e fazendo planos para o futuro.

Realmente, tenho concluído que a maioria dos pais sofre mais pela falta de fé na continuidade da vida do que pela falta do ente querido. É a dúvida que os machuca. A incerteza traz simulações mentais que fogem à realidade.

Por não crer na vida que se eterniza deste "outro lado", acabam se agarrando às lembranças, paralisando a própria marcha evolutiva. A perda de entes queridos, seja um adolescente ou um ancião, não é para fazer sangrar os corações, mas sim para que a alma, que é imortal, ganhe força e crescimento moral. Cada espírito tem uma rota traçada por suas próprias ações e as leis do Senhor fazem com que se cumpram as escolhas de cada um. Não há maldade na desencarnação, nem dor. Há apenas recomeço, pois em Deus tudo é renascimento.

Ouvi dizer por aqui que a existência na Terra é simplesmente um estágio para que possamos efetuar nossas tarefas neste "outro lado", pois, sem sentir em si a dor, jamais poderá a alma aliviar-se daquilo que não experimentou. Tanto é que Jesus atravessou a carne para nos mostrar que ele realmente compreende nossas provações.

Herança do Bem

Em busca de conhecimentos elevados, eu estudo cada dia mais. Os interesses da Terra já não me excitam mais. Diante dos novos horizontes de belezas perfeitas, anseio por novos rumos de elevação bendita.

Eu estava ali sentado, rente à ruela que corta caminho para a porta do meu apartamento, observando o luar que, límpido, cobria com seu manto prateado as pequeninas flores que, igualmente, sorriam para ela, a majestosa noite decorada por brilhantes estelares, que estendiam a inspiração que calava fundo em meu coração.

Divagando ante as alegrias ali contidas, percebi a chegada de alguém. Era o amigo Warley, um irmão de todos. Trabalhava ali nos serviços de auxílio. Suas palavras têm o dom de acalmar e devolver a paz. Ao nos cumprimentarmos, como de hábito, ele me disse:

– Pensando na vida, Gabriel?

– Ah, sim! – respondi.

– Perante este luar, fica difícil não se enveredar por pensamentos felizes.

– Sempre gostei do luar. – falou o amigo.

– Enquanto estava na Terra eu gastava horas e horas refletindo sobre a grandeza das *"muitas moradas da casa de meu Pai"*. Eu ficava hipnotizado diante das constelações. Quando estudei em "O Livro dos Espíritos", de Kardec, sobre os mundos habitados, eu fiquei muito feliz e instigado a saber mais.

– Sempre acreditei que ter vida somente na Terra era muito pouco e, hoje, estou aqui comprovando tudo isso.

– Warley, – perguntei –, como você, que é espírita mesmo antes de desencarnar, vê a questão do sectarismo doutrinário[5], com facções dividindo uma doutrina tão completa e bela?

– Na verdade, Gabriel, as pessoas espíritas ou não jamais conseguirão danificar a imagem renovadora do Espiritismo. Cada um busca se completar de modo bem particular, tirando proveito unicamente daquilo que lhe interessa. Uns permanecerão ligados aos conceitos científicos. Outros buscarão aspectos mais filosóficos, angariando noção mais clara da evolução. Mas temos também companheiros que necessitam de uma fé religiosa e encontram na doutrina de Kardec apoio, pois tudo que leva o homem a Deus é religião de algum modo. – falou com convicção.

– As disputas não são pelos aspectos doutrinários, mas sim para satisfazer íntimos interesses que, no fundo, não passam de egoísmo gerado nas escolhas. Assim, cada um procura defender a parte que lhe interessa.

– Dentro do Espiritismo não há uma hierarquia absoluta. Cada casa cuida de suas atividades da forma que lhe for mais ade-

5 **Sectarismo doutrinário:** de acordo com J. Herculano Pires, exercer o sectarismo doutrinário é negar os princípios cristãos e, por conseguinte, negar os princípios espíritas, que revivem no mundo moderno os ensinos de Jesus. "Desaparece o Sectarismo à medida que se desenvolve o Cristianismo." (J. Herculano Pires)

quada. Cria-se uma diretoria que conduz os interesses coletivos. É a democracia. Não se trata, Gabriel, de separatismo, mas sim de egoísmo. O egoísta quer tudo para si, sem se importar com os outros.

– Já vi casas onde as pessoas não se falam. – falei, completando.

– Sim, mas há também dentro dos lares irmãos que se detestam. É bem natural. Depende da evolução de cada um. Estão evoluindo. Adiante irão se amar de verdade. É uma questão de tempo. Se insistirem no antagonismo, a dor se encarregará de mudar o quadro dos seus pensamentos separatistas.

– Quando você desencarnou – perguntei procurando aproveitar nosso diálogo –, o que mais lhe chamou a atenção?

– O apoio que recebi. – respondeu interessado.

– Minha antiga profissão me ensinou a cuidar de pessoas, do bem-estar delas, movendo esforços para que permaneçam protegidas. Eu tinha noção clara de primeiros-socorros, mas quando mais precisei não pude utilizá-los, e o choque hipotérmico foi inevitável.

– Eu estava de motocicleta, quando me choquei com outra. O choque foi demasiado e, sofrendo profundas escoriações, tive o rompimento de vasos e artérias. A femoral rompida não possibilitou estancamento, mas em momento algum eu me senti só ou com medo.

– Uma espécie de torpor tomou a minha mente como se a mediunidade se abrisse para mim. Vi, o tempo todo em que estava ali debilitado, a figura iluminada de minha avó materna me dizendo palavras de reconforto.

– A dor tinha se ausentado e, semiadormecido, fui perdendo

a noção de espaço e tempo. Despertei “deste lado” completamente consciente. Eu sabia ter desencarnado. Coloquei-me a orar.

– Pensei em Jesus e entreguei a ele minha família. Também imaginava o quanto seria difícil para eles. Minha avó, com meu benfeitor, falaram comigo, me preparando para o difícil momento do velório.

– Não sei precisar quanto tempo se passou, mas quando tudo estava certo segui junto deles para a Terra. O coração apreensivo, ansiedade natural, afinal, não é todo dia que a gente participa do próprio velório. Senti necessidade de orar mais. Foi quando meu amigo espiritual me disse:

– Warley, não se martirize tanto. Sua família está recebendo apoio do nosso Plano. Eles contam com amorosa equipe de socorro disposta a servi-los. Deixe que Deus cuide deles. Ninguém aqui está desamparado. Um corpo não pode ser mais importante do que um espírito. Lembre-se que ele foi somente a sua veste. Seus genitores amam, em primeiro lugar, você, espírito. Saberão continuar a viver.

– Quando lá cheguei, não pude conter as lágrimas. Vi minha mãe à beira do caixão, com o coração despedaçado e a mente elevada em sincera prece. De seu peito irradiava intensa luz, que envolvia meu antigo veículo de carne[6]. Era como se ela me abraçasse. Eu sentia seu calor maternal. Beijei-a na face e lhe agradeci por tudo que sempre me fez durante toda a minha existência.

– Ela intimamente se sentiu amparada por forças que não soube interpretar de onde vinham, naquele momento. Os amigos daqui não se cansavam de amar os entes do meu coração. Lá fora,

6 **Veículo de carne:** corpo material.

vi a figura entristecida de meu pai. Seu mundo tinha acabado de desmoronar. Acreditava ser impossível retornar ao lar sem levar o filho amado consigo.

– Falava com quantos chegassem, com a ânsia de que alguém lhe dissesse que tudo aquilo não passava de um triste sonho e que em algum momento acordaria.

– Abracei-o com força no mesmo instante em que chegou um querido amigo nosso e ele, atrelado ao companheiro, chorou copiosamente a ponto de ter de ser amparado pelos presentes. Sua dor ultrapassava os limites da razão.

– Adiante, vi minha companheira querida e as filhas do coração. Sem ter muito que fazer, orei por elas que, abatidas, choravam sem controle.

– Em mim, ficava a dor da separação, mas também a certeza da continuidade da vida. Honrarias, oriundas da posição militar, eram enviadas em minha homenagem. De certo modo, não me tocavam, pois não atravessavam os contornos da matéria.

– Tudo aquilo não fazia nenhum efeito sobre mim, que permanecia unicamente ligado aos elos do coração. Vi os amigos e reuni forças para manter o equilíbrio. Não poderia me entregar ao desespero e perder a paz.

– Os olhos marejados deles demonstravam uma tristeza muito grande e, no fundo, também não podiam crer no que estava acontecendo.

– Desejariam qualquer coisa, menos tal situação, na qual nunca haviam pensado antes. Jamais pararam para refletir sobre a partida de qualquer um deles, mas ali, diante dos seus olhos, estava o corpo do amigo morto, e não tinham o que fazer a não ser crer e chorar.

– Eu também não aguentei e chorei tal criança ausente do colo materno. Mas minha bondosa avó me socorreu, dizendo:

– Meu filho, não se perca ante o materialismo dos que creem mais no corpo do que na alma. Você sabe que a alma sobrevive à morte do corpo. É a sua crença real. Não esmoreça diante da emoção dos que, por hora, somente conseguem enxergá-lo no corpo físico que, na realidade, nada mais é do que uma "prisão" do espírito. No futuro, também saberão reconhecê-lo na eternidade da vida espiritual.

– Busque forças em seu próprio interior e anime-se, pois venceu a jornada terrena. Não entre na verdadeira pátria como um derrotado na batalha humana, mas sim como um vencedor que granjeou valores e os traz na intimidade do coração. Erga a cabeça e ao invés de chorar, abençoe com seu amor àqueles que sabe honrar como grandes amigos. Você os está deixando por período transitório, pois o futuro se encarrega de reunir os afetos caros.

– Daquela hora para frente, Gabriel, comecei a pensar diferente. Afinal, eu estava bem e amparado por benfeitores da Vida Maior.

– Então passei a olhar tudo com mais calma. Auxiliei àqueles que pude com o poder bendito da prece. A partir daí, até o recinto ficou mais calmo. Um bálsamo caiu sobre todos nós, e então vi entrar algumas pessoas que me pareciam familiares, mas eu não me lembrava delas naquela hora. Minha mente vagava, buscando reminiscências do passado. Mas foi impossível recordar, até que uma delas, a que parecia a mais humilde da caravana, me disse:

– Não se lembra de mim? – falou, demonstrando intimidade.

– Sou a D. Maria, lembra-se? Você ia todo sábado no meu barraco levar alimentos e ficávamos de conversa por um bom tempo.

– Como se uma luz se ascendesse em minha mente, recordei nitidamente daquela senhora que há mais de dez anos eu não via. Eu, quando mais jovem, ia junto com alguns amigos levar sopa na favela onde ela morava. Que vergonha, me esqueci dela! Então eu disse:

– Desculpe-me, D. Maria. É que estou um pouco emocionado, mas vou melhorar. Como a senhora está? E os netos, como vão?

– Por instantes, havia me esquecido da situação que estava vivendo.

– O que a traz por aqui?

– Não poderia deixar de vir ao encontro de um amigo querido, que soube valorizar a amizade de uma velha solitária e cheia de dificuldades. Sabe, se não fosse o senhor, eu não teria conseguido ajudar os meus netos.

– Com o seu auxílio, pude colocá-los na escola, arrumei trabalho para o mais velho, o Pedrinho, e eles se encaminharam. A mais nova ficou com a minha pensão previdenciária e se beneficiará dela até completar a maioridade.

– Quantas bênçãos o senhor me concedeu! Hoje estou aqui somente para lhe agradecer. Oro ao Pai que o ampare "neste lado" da vida eterna. Sei que Deus lhe aguarda com muito amor.

– Eu estava envergonhado. Nunca fiz nada nesse sentido, para ser reconhecido e tampouco lembrado. Tudo o que fiz foi acompanhar almas benditas que espalham o bem por onde passam... E, sem me alongar nas palavras, apenas disse:

– Não tem do que agradecer. Tudo que fiz foi em nome de Jesus. Agradeça a Ele, somente a Ele. Todos os méritos são unicamente Dele.

– Ela me abençoou a cabeça, como a me benzer, e fazendo

o sinal da cruz se afastou. Outros, com o mesmo propósito, me envolveram com seu amor e, sob bênçãos de alegria e fé, cantaram hinos de bem-aventuranças a Deus.

– Uma pergunta, Warley: como você ficou diante dessas homenagens? – eu disse.

– Eu fiquei feliz. – respondeu, muito calmo.

– Apesar de estar no velório do meu antigo corpo, ainda pude gozar de uma paz profunda. Nesta hora, eu já estava bem tranquilo e as presenças dos amigos já não me causavam desequilíbrio.

– Eu assisti a tudo: a família totalmente desordenada, os amigos em estado de choque... Mas eu conseguia me manter equilibrado. Quando o cortejo saiu e ante as reverências militares, eu somente fechei os olhos e permaneci com Jesus.

– Todas aquelas honrarias que me eram endereçadas, embora com o amor dos colegas de trabalho, não conseguiam atravessar os limites da Terra, e a mim só ecoavam as preces dos que socorri no anonimato, dando-me consolação para a alma.

– Tudo aquilo era belo para os olhos e harmônico para o orgulho humano, mas infinitamente dispensável para quem busca horizontes mais elevados. A corneta que honra uma farda não balsamiza a alma daquele que parte levando saudades.

– Quando tudo terminou, ainda pude abraçar minha doce mãe e meu pai. Despedi-me da companheira e das filhas do coração.

– Eu não sabia quando poderia estabelecer contato com eles novamente. Segui para a colônia acompanhando minha avó e os demais amigos deste Plano.

– Muito interessante sua passagem! – falei, concluindo.

– Talvez uma das mais belas que eu tive informação, e acredito ser este o motivo de você estar tão bem. Soube aproveitar o tempo na Terra.

– Fiz muito pouco. – retrucou.

– Poderia ter feito muito mais, se os interesses comuns não me tomassem tanto tempo.

Conversamos um pouco mais, e o Warley seguiu para o seu trabalho. Em mim, ficou a grata satisfação de conhecer alguém assim.

Dimas chegou logo em seguida e me disse:

– Nosso irmão Warley é um trabalhador dos mais dedicados. Desde que chegou aqui, opera em nossas oficinas de trabalho, angariando méritos e fortalecendo o próprio coração.

– Jesus afirma em sua Boa Nova que *"O trabalhador consciente de seus deveres toma a charrua e não olha para trás"*.

– Creio que nosso irmão é um desses, pois seu interesse pelo bem causa-nos muitas alegrias. Quem compreende o Evangelho, mesmo morto sobreviverá. Mesmo morto, seus desejos renascem em seus ideais.

– A desencarnação, para aquele que souber aproveitar o tempo na obra do bem, é luz para a consciência, dando ensejo à evolução espiritual. Ninguém perde por fazer o bem. Ninguém ganha, se fica preso ao mal. Ele, Gabriel, confere para si o título de Trabalhador do Evangelho.

Fiquei ainda mais surpreso com as referências do Benfeitor, pois, sendo ele tão discreto, eu jamais o havia ouvido falar tão diretamente a respeito de alguém. Eu aprendia muito com tudo aquilo e, refletindo sobre o que tinha escutado, coloquei tudo no papel.

eternidade...

Vida social

Eu estava consciente de tudo que vivia, ou seja, do lugar onde eu estava e da situação de desencarnado. Já podia caminhar pela maioria dos lugares da Colônia, mas uma pergunta me rondava o pensamento. Hoje é sábado à noite. Se estivesse na Terra, com toda certeza estaria me arrumando pra balada. E aqui, como poderei agir?

A solidão é algo que, se não tomarmos cuidado, invade o nosso mundo íntimo. Busquei a figura do amigo Dimas e desejei a presença dele. Quem sabe estivesse tranquilo e pudesse me fazer companhia, conversar comigo, sei lá... Fazer qualquer coisa para me entreter com mais pessoas. Saí na porta do apartamento e busquei o jardim, que se desdobrava à minha frente, colorindo minha retina. Caminhei pelas alamedas floridas até chegar ao aconchegante e simples apartamento do amigo prestimoso.

Fiquei receoso de bater na porta, mas, já que estava ali, decidi me atrever. Ele saiu sorridente. Tive a impressão de que me aguardava. Entrei, atravessei a recepção e fui para a sala central, onde o teto é constituído de substâncias semelhante ao vidro, possibilitando a vista das estrelas durante a noite.

Poltronas macias, recobertas por tecido aveludado e delicados objetos decorativos demonstravam o bom gosto e a simplicidade do anfitrião. Porcelana rabiscada de finíssimo dourado dava ao chá, que me foi servido, um ar colonial, como se houvéssemos retornado no tempo.

Tecidos bordados delicadamente com linhas coloridas cobriam o pequeno móvel que sustentava a bandeja com biscoitos, sendo semelhantes ao cereal recoberto por cristais açucarados.

A acolhida era fantástica. Só de estar ali, eu já me sentia melhor. O diálogo atingia distâncias apreciáveis. Eu quis saber da vida social da Colônia e o amigo respondeu-me com bom ânimo e humor:

– Esta colônia, Gabriel, foi construída por companheiros que pensaram na juventude dos que transitam pela Terra e retornam mais cedo. É natural que os jovens encontrem obstáculos ao tentar conviver com os mais maduros.

– As diferentes gerações criam entre si tendências e costumes que, se mal conduzidos, acabam por afastar uns dos outros. Tivemos algumas dificuldades na Colônia Alvorada Nova, ambiente de nossa moradia após algumas desencarnações.

– As dificuldades eram várias, no sentido de que a falta de maturidade acelera a ocorrência dos fatos e, sem os contornos necessários, acabam trazendo desconforto a quem esteja por perto.

– É certo que a alma encarnada, ao deixar a veste do corpo físico que a abrigava na Terra, busca a consciência de si mesma, e a condição de ser velho ou moço não faz muita diferença para o espírito eterno. Mas nem todos conseguem se desvencilhar dos conceitos que trazem enraizados ao próprio ser.

– Descondicionar a ideia de juventude ou velhice é obra para um período longo e variável, para qualquer espírito de evolução mediana.

– O próprio psiquismo faz com que o espírito e o corpo físico se confundam quanto à idade psicológica que carregam. Não é só o pensamento, mas também os hormônios que externam suas segregações sobre todo o perispírito[7], imprimindo na alma uma idade fictícia, com características isoladas de cada etapa do desenvolvimento físico. Então não é só uma questão de enxergar-se, mas também de sentir. E ninguém consegue mudar, de uma hora pra outra, a ideia condicionada de outro ser pensante.

– Daí a formação desta Colônia, com o objetivo de atender cada um em suas necessidades e tempo real, sem desejar crescimento comparativo com os demais.

– Com o tempo, a Colônia foi se especializando em atender os jovens que desencarnam em acidentes e que precisam de cuidados mais específicos. E, por conta disso, foi criado também um grupo de assistência familiar, o qual temos a satisfação de dirigir, bem como dele participar.

– É preciso antes de tudo, Gabriel, compreendermos que a palavra "acidente" não existe por aqui com o mesmo sentido dado na Terra, pois o acidente é obra do acaso e não existe o acaso na Lei do Senhor, bem como não existem nem sorte nem azar. O que existe são disciplinas governadas por leis sábias que organi-

7 **Perispírito:** 1. Invólucro semimaterial do Espírito. Nos encarnados, serve de laço ou intermediário entre o Espírito e a matéria. É retirado do fluido universal do planeta em que o Espírito se acha e trocado ao passar de um a outro mundo, sendo mais ou menos sutil ou grosseiro, conforme sua natureza. 2. É nele que reside a identidade do Espírito, tomando a forma determinada pela vontade deste, tanto que ordinariamente assume a imagem que este tinha em sua última existência corporal. 3. Serve de molde, esboço e forma para o corpo físico. 4. Constitui-se elemento-chave de todos os fenômenos mediúnicos.

zam programações. E estas leis funcionam conforme o débito ou crédito pessoal de cada um.

– Mesmo nos casos de desencarnações coletivas, sempre serão avaliados os benefícios e os méritos de cada envolvido. Nada acontece de modo irregular. Na obra de Deus, tudo tem função útil.

– Para ser mais específico na resposta à sua pergunta, afirmo que, devido às necessidades de cada um, temos sim por aqui os ambientes onde os jovens podem se entreter, compartilhar ideias, trocar afetos e aprender uns com os outros. É claro que não é como muitos lugares da Terra, onde uma reunião de jovens, para ser um "barato", tem de ser regada a bebidas alcoólicas e drogas.

– Por aqui, a música derrama sua alegria sobre todos, mas suas letras e melodias não carregam os tons enlouquecidos da imprudência, nem tampouco o assédio pretensioso da sensualidade.

– Você, Gabriel, pode também sair com os amigos, dançar, conversar como antes, mas com certeza não encontrará alcoólicos e narcóticos cegando e interrompendo carreiras de sucesso de seus próprios colegas.

– Não exigimos jovens fixados nos livros o tempo todo, nem expressões saudosistas nos olhares. No entanto, compreendemos a necessidade de cada um.

– Aprenda a viver uma coisa de cada vez e a amar aquela que o tornar maior no sentido moral. A solidão, meu amigo, é passível de ser domesticada, mas impossível de ser extinta. Toda vez que um vazio se apoderar de nós, lá estará ela. E a melhor maneira de mantê-la sob nossos pés é ligar-se a atividades do bem, pois a carência é tanta que não sobra tempo nem para nós mesmos.

– Ame a vida, sorria para as descobertas e vibre com cada

vitória sobre si mesmo. Nada pode ser mais saudável do que o prazer de servir e a sensação do dever cumprido no bem de todos.

– Veja estas estrelas! – disse, apontando para o céu.

– São nossas amigas silenciosas. Elas nos dão inspiração para vencermos obstáculos, pois apenas uma pouco representaria na imensa escuridão do espaço. Mas, unidas, decoram o Universo, transmitindo lições de sabedoria incontestável.

– Cada um, Gabriel, tem potencial para ser o que deseja. Basta crer em si mesmo e no amor do Pai.

– Nunca pensei em nada disso. – afirmei, atencioso.

– É natural. – disse o instrutor.

– Poucos no planeta estão preparados para serem transferidos para cá, sem sustos aparentes.

– Fico feliz em saber que tantos cuidados são tomados a nosso favor. – concluí.

– Isso é só uma pequena parcela de muitas coisas que você aprenderá com o passar do tempo. Confie em Deus, meu amigo.

– Sua missão se revelará a você com regularidade, mas uma boa caminhada deve sempre começar no primeiro passo.

– Vou levá-lo até o local onde outros jovens como você estão se divertindo.

Segui com ele até um salão onde eles estavam reunidos. Na entrada, recebi um abraço muito alegre e me despedi do instrutor que me deixou ali. Nickolas veio me receber e, puxando-me pelo braço, apresentou-me aos demais.

De início, fiquei focado em conhecer as pessoas. Mais tarde, voltei minha atenção às impressões que o local me causava. Tudo estava decorado com jogos de luzes, as quais eu não conseguia enxergar a origem. Não era muito escuro, e o som não nos impedia de manter conversas proveitosas. Percebi que não havia mulheres e perguntei ao Nickolas:

– Onde estão as garotas? Só vejo homens!

– Não se preocupe. – respondeu o novo amigo.

– Elas só vêm aqui de vez em quando. Lembre-se que esta colônia é só para homens. E esta decisão foi tomada por acreditarem que isto nos traga melhor controle e maturidade dos sentidos, para que não venhamos a cometer erros quanto à violação do sentimento feminino. Mas você se acostuma.

– Fique tranquilo. Na verdade, são os conceitos ultrapassados da Terra que nos fazem agir como animais, na maioria dos relacionamentos humanos. Aproveite para curtir. As músicas, com seus variados ritmos, trabalham em nós de dentro para fora. Basta ouvi-las com o coração.

Eu fiquei feliz com a novidade, mas também com receio de não conseguir me relacionar dentro de padrões tão elevados de educação. Mas, em pouco tempo, contrariando minhas próprias dúvidas, já estava integrado à nova sociedade jovem dessa nova moradia, e fiquei pensando nos amigos que eu tenho na Terra.

– Como se sairiam por aqui? Talvez não cheguem aqui nessa idade, mas, quando chegarem em qualquer outra, terão como eu uma grande surpresa.

O PORQUÊ DAS DOENÇAS

EU ESTAVA NA PRACINHA, NA FRENTE DO MEU APARTAMENTO, ESPERANDO O AMIGO CLEBER, que viria para me ajudar a pôr no papel algumas informações, cujo propósito era levar um pouco de luz aos irmãos da Terra.

Cleber viria atendendo a um convite meu, para me contar a sua história, que transformaríamos em um capítulo deste novo compêndio de fatos reais. De longe, vi seu largo sorriso.

Sua simpatia me fazia ficar à vontade. Sentou-se ao meu lado e começou a relatar sua última experiência.

– Gabriel, – disse, me esclarecendo –, o que vou relatar aqui é a própria experiência. Longe de mim conseguir mantê-la em ordem cronológica. O que desejo, a pedido do Dimas, é esclarecer àqueles que transitam na Terra sem compreender as próprias provas.

– As experiências que nos fazem crescer são justamente aquelas que mais machucam o coração. Muitas vezes, é necessário sorver o fel para valorizar as doçuras do mel.

– Fui uma criança feliz, rodeada de amor e alegrias. Pais afetuosos, tios fantásticos, avós carinhosos. Nada me faltou, no que tange a amor familiar. Eu cresci em meio a tantas alegrias.

Escolhi o caminho que desejei, sem ninguém interferir. Procurava manter a mente ligada a coisas boas. Não dava guarida aos pensamentos infelizes.

– Quando adoeci, vitimado pela dengue, eu não esperava que aquela febre pudesse me tirar a vida.

– Lá no leito, eu esperava a cura, mas a cada momento eu sentia que a febre não baixava e a sensação de mal-estar se multiplicava. Tive acesso de convulsão motivada pela febre alta. Os medicamentos não surtiam efeito. Naquela hora, percebi que a desencarnação[8] estaria próxima. Ouvi médicos otimistas dizerem entre si para terem cuidado com a febre, porque o que mais agravava o estado de saúde era a febre ardente.

– Eu sentia que forte calor me queimava por dentro. Logo perdi a consciência física e, em estado de inconsciência, registrava os fatos apenas pela visão espiritual. Então comecei a ver médicos e enfermeiros que eu não conhecia, até então, e que me pediam calma. Mas eu não conseguia entender tudo que estava acontecendo comigo.

– Vi um jovem, vestido de branco e olhar esverdeado, que me chamou pelo nome e com voz calma me disse:

– Meu irmão, estou aqui para ajudá-lo. – disse, amorosamente.

– Eu sou Dimas, seu servo e amigo. Peço para que permaneça tranquilo. De agora em diante estará sob nossos cuidados e tudo

8 **Desencarnação:** [do latim *des+incarnatione*] Ato ou efeito de desencarnar, isto é, deixar a carne, passar para o Mundo Espiritual. É quando deixa de atuar o princípio vital, gerando, em consequência, a desorganização do corpo, desprendendo-se o perispírito, molécula a molécula, conforme havia se unido, e restituindo ao Espírito a liberdade. Não é a partida do Espírito que causa a morte do corpo; esta é que determina a partida do Espírito, tanto que desencarnação é libertação da alma.

faremos para que seja ainda mais feliz.

– Quis perguntar mais, mas ele me impediu, dizendo:

– Tenha paciência, companheiro. O amor de Deus é paciente. Tudo tem sua hora. Por isso, concentre-se em permanecer relaxado. Logo estará livre destes tormentos.

– Eu tentava, mesmo assim, me manter ligado e registrar tudo, mas o sono era mais forte do que eu e acabei cedendo. Em seguida, penetrei as câmaras profundas do sonho e, ao me ver fora do corpo físico, sentia-me muito leve.

– Diante de mim, um maravilhoso jardim se estendia. Borboletas coloridas e pássaros cantarolando davam-me a impressão de perfeita paz.

– Quis correr e sorrir, mas fiquei acanhado. Eu sabia ser um sonho, mas tudo parecia bem real e lá no sonho estava novamente o jovem que se chamava Dimas. Naquela hora, uma incerteza tomou a minha alma e eu perguntei a ele:

– Amigo, estou sonhando ou acaso estou tendo um surto psicótico?

– Nem uma coisa, nem outra. – respondeu.

– Você está vivendo algo bem real. É preciso manter a calma. Seu corpo de carne não suportará por muito tempo a febre que o atinge e isso fará com que sua existência na Terra seja interrompida.

– Vou morrer? – retruquei, assustado.

– Ninguém morre. – falou o amigo.

– A vida é eterna e se modifica conforme a necessidade que a alma tem de evoluir. Você deixará a matéria, mas sobreviverá além dela. Você, Cleber, não é o corpo, mas a essência que o anima temporariamente. Ao deixá-lo, estará cumprindo uma tarefa de auxílio aos seus amados, ajudando-os a evoluir sem orgulho e vaidade.

– E minha mãe? – perguntei.

– Como ficará ela? Não irá suportar a minha ausência. Não está preparada. Você não pode fazer algo por mim?

– Não. – respondeu, de imediato.

– No que diz respeito ao seu corpo físico, não temos autorização para interferir. Mas garantimos a você que não deixaremos faltar nada aos seus pais.

– Entendemos a sua posição de jovem, mas não se esqueça de que a saúde não se circunscreve tão somente ao corpo físico. Antes, porém, é também um estado da alma. A doença que vitima a carne tem raízes seculares.

– Talvez sua consciência não reconheça ainda os vários açoites do passado, quando viveu unicamente para si, plantando no coração alheio a decepção e a lisonja. Sua essência carrega dívidas que serão quitadas através dos resultados colhidos em sua desencarnação. A doença física é um servo de Deus devolvendo ao espírito, imortal, a lucidez necessária.

– Estando longe de sua casa, uma gama de pensamentos e reflexões o acompanharão e, assim, você reconhecerá o quanto ainda tem a evoluir.

– A morte física é a porta de saída da Terra, mas, por outro lado, é a passagem que possibilita a entrada em esferas de consciência pura.

– Os anos que você negligenciou em sua última existência foram ressarcidos nesta. Terá agora que sorver as energias duras da despedida familiar, aprendendo assim a dar valor ao recinto doméstico.

– Sua abençoada mãe tudo fez para lhe dar a alegria de um lar, contrastando com a antiga existência, na qual malbaratou a instituição familiar, valorizando muito mais o ouro do que a consanguinidade.

– Hoje, ela é o sol da sua família, mas ontem foi rápido corisco que não se detinha na intimidade do lar.

– Eu estava perplexo, Gabriel, e chorando falei:

– Compreendo que nada posso fazer agora, mas afirmo que estou em paz.

– O companheiro abraçou-me com carinho fraternal e me disse:

– Não se preocupe, meu amigo, nosso interesse aqui tem caráter unicamente positivo. Somos cooperadores do Cristo. Você cumpriu sua missão e agora regressa para casa.

– De agora em diante, as provações ficarão para seus familiares que, igualmente, têm seus débitos. Mas, mesmo eles, estarão recebendo o amor do Cristo.

– Devemos lembrar que toda dor é apontamento dos débitos ocultos na alma. Ninguém atravessa um período de dor sem antes ter o amparo do Céu. O sofrimento gerado pela dor implica escolhas bem próprias, podendo ou não permanecer atrelado a ela, porque a dor é resultado da ignorância. Entendemos que o sofrimento é algo que faz parte do nosso livre-arbítrio[9], das nossas escolhas, mas a dor não.

9 **Livre-arbítrio:** [do latim *liber* + *arbitriu*] 1. Faculdade da criatura se autodeterminar; poder da vontade. 2. Liberdade moral do homem, faculdade que ele tem de se guiar por sua vontade na realização de seus atos. Os Espíritos ensinam que a alteração das faculdades mentais, por uma causa acidental ou natural, é o único caso em que o homem fica privado de seu livre-arbítrio. Fora disso, é sempre livre para fazer ou não fazer.

– Desencarnei, Gabriel, por ter contraído dengue. Não participei do meu velório, pois tão logo deixei o corpo físico vim para esta colônia. Sou grato a Deus por ter me dado esta oportunidade de ser feliz e, hoje, tenho plena consciência do caminho a percorrer.

– Fico feliz que veja tudo deste modo. – comentei, admirado.

– Imagine, Gabriel! Tudo que vivi na Terra me aliviou muito o passado de débitos. – disse, humildemente.

Conversamos por mais algum tempo e, depois, nos despedimos, pois tarefas o aguardavam na Colônia. Quanto a mim, concluí que a dor é escrava do determinismo. Que é funcionária de Deus, tecendo em nossas almas as algemas que nos mantêm limitados ao espaço que melhor nos faça crescer.

Sem o auxílio das doenças o que seria de todos nós? Acredito que sozinhos destruiríamos nosso corpo antecipadamente. A dor é o limite de Deus, fazendo-nos mais felizes no futuro.

Sem o auxílio da dor, o que nasceu, em decorrência da separação de Cleber de seus pais, demoraria muitos séculos.

Peço a Deus que me inspire a entender tudo isso de modo a pôr em prática o bem que Ele nos ensina. Assim, aprenderemos por intermédio do amor.

Regeneração

Das experiências dos muitos amigos que fiz por aqui, muito me marcou a história do Zé, cujo nome é José Francisco, mas que para mim é apenas Zé. Um menino ainda, mas um grande homem na alma. Espírito liberto das amarras dos conceitos preestabelecidos, cujas ligações sempre são com o progresso interior. Tem objetivos bem definidos, sendo diferente da maioria dos jovens que chegam aqui sem saberem nada de si.

Zé experienciou, desta última vez, 15 anos apenas no planeta Terra. Sua rápida passagem marcou sobremaneira as vidas daqueles que o amam de verdade. Traz em si as sementes da regeneração, fazendo com que iluminasse tudo que o cercava durante sua vida terrena.

Como já disse em outras anotações, nos conhecemos logo que cheguei na Colônia. Ele sempre foi um amigo muito próximo e, nestes rabiscos, aceitou responder a algumas questões minhas, acerca de sua passagem na Terra e o seu principal objetivo, o progresso familiar. Nada além disso.

– Como foi sua experiência com o câncer? Qual sua impressão perante a doença? – perguntei.

– A impressão era de medo. – respondeu.

– No início, eu não enxergava a amplitude do que estava acontecendo comigo, mas quando começaram as limitações que me impediam de ter uma vida normal, eu passei a reconhecer que tudo era bem mais doloroso do que eu podia imaginar, porque o que mais doía não era o corpo enfermo, mas a desagradável sensação de impotência diante da doença.

– Eu nada podia fazer perante aquilo tudo. Parei de estudar. Perdi a convivência com os amigos. Até o convívio do lar teve de mudar. Fui morar num apartamento, deixando a casa que me deu tantas alegrias. Fiquei impressionado com tudo que a doença estava me tirando da vida material.

– Passei a ser criança novamente. Tudo era controlado. Meu Pai se desdobrava para me atender da melhor maneira possível e suprir a falta da vida que eu tinha antes. Minha mãe mostrava-se confiante, mas também não me largava. Familiares queridos faziam de tudo que estivesse ao alcance para me oferecer seus préstimos. Eu mergulhava a mente em pensamentos bem profundos, como quem busca entender algo desconhecido.

– Os dias iam passando, os informativos médicos não eram tão positivos e meus amigos não comentavam nada comigo. Mas eu podia ver em suas fisionomias que a situação não era nada boa.

– O que mais marcou você neste período de tratamento? – perguntei.

– Certamente, a primeira sessão de quimioterapia. Era uma expectativa para todos. Sabíamos que seria bastante difícil, mas eu reagi com muito equilíbrio.

– Eu me preocupava com a queda dos cabelos. Ficar careca aos 15 anos não é algo tão normal, mas, antes que eles caíssem, pedi ao meu pai que cortasse meu cabelo e raspasse minha cabeça. Tive coragem e acabei gostando, depois.

– Com o passar dos meses, eu descobria lições de profundo amor nas pessoas que me cercavam. Elas estavam mais dóceis. Hoje reconheço que nada é por acaso. A doença não curava só a mim, mas também àqueles que se envolviam comigo.

– Como foram seus últimos momentos no corpo físico?

– Sedado... A dor se prolongava, pois a pneumonia se agravava. A secreção abundante não me dava sossego, então os médicos resolveram me sedar. Mas eu continuei a registrar tudo à minha volta pelos olhos espirituais. Estando sedado, não sentia dor e podia ficar mais confortável.

– O corpo é uma expressão nossa, mas nós não somos propriamente um corpo. Fora da matéria doente, eu estava lúcido e saudável.

– Gostava daquela sensação de liberdade. Amigos, que até então eu considerava médicos e enfermeiros, me davam total apoio neste plano. E, nas horas finais, com o apoio da prece de minha amada mãezinha, recebi poderoso lenitivo[10] do Alto, o que tornou minha desencarnação bem tranquila.

– Na verdade, eu não aguentava mais tudo aquilo. As aspirações dolorosas, os remédios amargos, as limitações físicas. Deixei a matéria consciente. Sabia de tudo que estava acontecendo.

– Preocupava-me a dor de meus pais e familiares queridos. Meus irmãos, minha tia, minha cunhada, enfim, pessoas que compunham minhas relações diárias. Mas os benfeitores daqui me orientavam, transmitindo muita confiança e amor. Segui com eles para outro hospital, a fim de recompor minhas forças.

---

10 **Lenitivo:** que ou o que acalma, suaviza, atenua.

– Qual a sua conclusão sobre tudo isto, no aspecto moral?

– Aprendi muito e reconheço que realmente a dor é uma bênção que Deus reserva a seus eleitos, como diz o *Evangelho Segundo o Espiritismo.*

– Deixei a matéria para crescer muito "deste lado" da vida.

– Nada me faltou. E, na Terra, a minha partida modificou o rumo da vida daqueles a quem tanto amo. A saudade é natural de ambas as partes, mas a iluminação nos é proporcional. Se eu tivesse permanecido por lá, nada mudaria. Sempre é necessário o auxílio da dor, para nos despertar de nossos próprios conceitos milenares.

– Crescer é se regenerar. É buscar luz interior. É amar.

– Em uma análise bem otimista, digo que tudo foi muito bom e feliz. Nunca eu havia presenciado tanto amor como no período de minha transformação pessoal, o da doença. Assim como machucou e machuca o coração daqueles que me amam, me trouxe também grande reforma interior.

– Um corpo é unicamente uma veste temporária. Não podemos acreditar que somos apenas um corpo. Nós somos espíritos imortais. Não foi o linfoma que me retirou do corpo, mas minha necessidade de evolução.

– O progresso moral também exige sacrifícios pessoais. O mais importante é que estou feliz aqui, enquanto muitos que partem da mesma forma que eu se revoltam e vão parar no Umbral[11].

– Aceitar é o primeiro passo para a vitória pessoal. Agradeço muito a todos que me ensinaram a superar tudo isso. Meus

11 **Umbral:** [do espanhol *umbral*] 1. Limiar, entrada. 2. Conforme informação do Espírito André Luiz, uma das regiões inferiores do Mundo Espiritual em que se agregam, por sintonia, mentes ainda em descompasso com o bem.

pais amados, a quem sempre agradecerei.

– Estamos partindo para a regeneração pessoal. Acompanhando a regeneração do planeta Terra, que nos acolhe o corpo, e de suas vizinhanças extrafísicas.

– Muito obrigado, Zé! – falei com amor.

– Você é um grande amigo e sei que sua experiência ajudará muitos a entender que, acima de nossa vontade, está a bondade de Deus cuidando para não pararmos de crescer um só segundo.

Zé nunca reclamou de nada e sempre lutou muito para escrever para casa confortando seus familiares.

Tudo que aprende divide comigo, trazendo-me estudos muito importantes. A doença extraiu-lhe o corpo físico, mas em troca lhe deu essa liberdade bendita que ele preza tanto.

O mais importante não são as dificuldades que atravessamos, mas sim se fazemos a caminhada com amor, pois é o amor e a aceitação que nos dão a certeza de que estamos no rumo certo, em direção a Deus.

A verdadeira cura não está no retorno à saúde física, mas sim na reconstrução da moral. Retornamos, sim. Deixamos saudades, sim, e às vezes dor, mas estamos felizes e cheios de vida eterna. Nesta nossa moradia, tudo concorre para a paz e o amor que dividimos com os outros.

Sou grato a Deus pelas alegrias que Ele me oferece todos os dias. Se eu tivesse essa certeza enquanto estava na Terra, eu dedicaria minha vida toda à prática do bem de todos, porque quem ama de verdade e crê em Deus nada quer para si e sabe repartir as bênçãos do Céu.

eternidade...

Retrato da Doutrina Espírita

Há quase um ano, conheci um jovem que hoje é um companheiro nosso muito querido e que, aliás, me ajuda muito a estudar a Doutrina Espírita.

Trata-se do Thiago, que chegou aqui vitimado por acidente de moto. Quando o vi pela primeira vez, senti por ele uma simpatia imediata.

Seu jeito acolhedor faz com que os outros se aproximem dele sem reservas, e logo lhe perguntei:

– Olá, como vai? É a primeira vez que o vejo por aqui.

– Sim. – respondeu, solícito.

– Sou novo aqui, retornei da Terra há poucas semanas.

– Eu compreendo. – falei, tentando amenizar as dificuldades.

– Nos primeiros dias, ficamos meio perdidos. Você já conhece o Dimas?

– Sim, o conheci no dia da minha desencarnação. – falou com aparente calma.

– Foi ele quem me trouxe para esta colônia. Soube que hoje ele fará o estudo doutrinário, por isso vim vê-lo.

– Ele é nosso amigo e benfeitor. Tem nos feito crescer muito espiritualmente. Seu modo especial de ser encanta quem o conhece.

– Você já conhece o Espiritismo? – perguntei para "quebrar o gelo".

– Conheço. Quando estava na Terra, procurei estudar um pouco. É claro que a gente não pratica tudo como deveria. Apesar de saber que a vida continua, vivemos esperando um ato mágico que nos faça crescer sem esforço maior, como se a eternidade não nos aguardasse sem pressa.

– É verdade! – concordei.

– Eu vivi como se tudo na Terra fosse tão jovem quanto eu. Não me preocupava além do que meus olhos podiam ver e meus sentidos pudessem perceber. Não pratiquei o mal, mas também não busquei o bem de forma sistemática.

– Mas, me conta... Como foi sua existência? Parece que traz alguma bagagem interessante!

– Nesses últimos anos, fui policial. – respondeu-me, com interesse.

– Tinha nas veias a vontade de ver um mundo melhor. Jamais me deixei corromper por qualquer forma indevida. Tudo que eu queria era dar às pessoas a segurança, deixá-las viver com tranquilidade. O que bem poucas vezes consegui, pois a criminalidade tem se estendido atualmente. Talvez meu desejo fique para o futuro.

– Desde criança, convivi com a Doutrina Espírita. Passei pelas escolas de evangelização infantil, nas casas espíritas que minha mãe frequentava. Aprendi desde cedo que a vida do corpo é perecível e a do espírito eterna.

– Construí meus conceitos com base na continuidade da vida. Convivi com a pobreza das pequenas casas espíritas, que mal conseguem pagar suas contas e têm de lidar com a falta de trabalhadores solidários que se voluntariam para dar auxílio a quem precise.

– Infelizmente, Gabriel, isto é uma realidade. A maioria busca a casa espírita para receber auxílio espiritual e físico, mas poucos permanecem para ajudar os que chegam todos os dias.

– Meus pais têm buscado consolo no Espiritismo. – falei, prolongando nossa conversa.

– E tenho percebido que eles estão mais fortalecidos.

– É nessas horas que os familiares descobrem que o Espiritismo veio para matar a morte. – continuou esclarecendo.

– Logo estarão bem melhores.

– Você tem escrito para eles? – me perguntou.

– Sim, várias vezes. Sempre que posso, envio a eles palavras de esclarecimento, para confortar seus corações.

– Aqui, passei a estudar Kardec e aceitei sua codificação[12] como uma realidade. E, apesar do pouco tempo de aprendizado, já não sei pensar de outro modo. Só me entristeço por não ter conhecido o Espiritismo antes.

– Sei que ainda é cedo, Gabriel, mas quando puder escreverei à Terra. Meus pais devem estar desesperados por notícias minhas.

– Minha mãe doou meus órgãos físicos. Sendo também espírita, ela sabe que a minha partida era necessária e que eu não mais usaria aquela roupagem física[13]. Claro que doeu muito em seu coração de mãe tomar tal decisão, mas tudo foi tão rápido, que não deu tempo para pensar muito.

– Quando sofri a queda com a moto da polícia, perseguindo

---

12 **Codificação:** [do francês *codification*] 1. Ato ou efeito de codificar. 2. A sistematização, a organização da Doutrina dos Espíritos realizada por Allan Kardec.
13 **Roupagem física:** corpo físico.

delinquentes, tive traumatismo grave e adormeci de imediato. Quando acordei, dias depois, já estava aqui na Colônia. Ao despertar, logo me recordei de tudo e, apesar de ter dormido, dentro de mim alguns pensamentos me diziam que eu estava desencarnado.

– Eu tinha lapsos de visão do meu corpo em coma. Segundo o Dimas, apesar de não estar presente junto ao corpo físico, ele ainda me enviava sensações e informações, pois ainda existia um laço tênue nos ligando. Mas logo me equilibrei.

– Quando Dimas veio falar comigo, eu já sabia, em partes, quase tudo. Chorei quando me lembrei do lar e a dor dos pais. Depois, procurei concentrar esforços em minha recuperação. Tomava passes todos os dias. Orava por eles e procurava manter os pensamentos em Jesus o tempo todo. Por isso, estou aqui hoje para aprender um pouco mais e, no futuro, poder ajudar aqueles que deixei por lá.

– Percebo que sua lucidez é precisa. – afirmei.

– Acredito que tudo é resultado da consciência que você possui de que a vida é eterna e a morte só existe para o corpo físico.

– É verdade! – concordou.

– Se não fossem as informações que carrego na alma acerca de tudo aqui, eu não sei o que seria de mim hoje. Sempre serei grato à minha mãe, que se esforçou tanto para que eu e minha irmã estudássemos esta Doutrina.

– Sabe, Gabriel, não estou chocado com nada. Sinto sim falta do que eu fazia antes. Era um hábito trabalhar, agir... Mas sei que logo poderei também ser útil por aqui. Afinal, aqui devem precisar de segurança. Nem que for para segurar vela entre os namorados. – falou sorrindo.

– Tenho certeza de que será feliz aqui, Thiago. Aproveite

o tempo de recuperação para estudar. Não deixe dor alguma se apossar do seu raciocínio. Espere com paciência e logo poderá ser mais útil. Fique firme.

Conversamos por mais de uma hora, relatando fatos de nossa vida terrena e espiritual, mas fomos interrompidos pela suave melodia que marcava o início da reunião de estudos.

Entramos em silêncio e sentamos nas últimas poltronas vazias, dispostas em círculo, de modo que pudéssemos ficar mais próximos uns dos outros.

Dimas, o orientador, fez a prece inicial:

"Bendito Jesus, amado Mestre. Sob o Teu olhar nos dispomos para nos regozijar com a suavidade de seus ensinos evangélicos. Compreendemos que ainda estamos bem longe do que devemos ser, mas desejamos nos melhorar gradativamente até alcançar a Tua misericórdia. Confiamos em Vosso coração amoroso e sem nenhuma dúvida nos entregamos a Ti, sem medo, para que nos fortaleça e assim possamos participar da ceia do amor universal. Abençoe, Senhor, todos esses amigos que aqui estão, nutrindo-lhes de afeição para a reforma íntima. Mostrando que todos podem alcançar a luz do Seu amor eterno. Sê conosco nestes instantes e sempre. Muito obrigado, Senhor".

Acompanhamos a prece em profunda comunhão de ideias, e o orador iniciou o estudo do tema da noite, o qual se referia à passagem da Terra para este Plano, o Espiritual, e sem pestanejar falou convincente:

"Meus amigos, estamos todos vivos. Isto é um fato. Podemos nos reconhecer libertos dos liames físicos e continuamos individualizados, carregando as mesmas ideias, gostos e inclinações.

Se, em algum momento, esperamos o sono eterno, hoje temos a certeza de que não o encontramos por aqui, e nos certificamos de que a caminhada apenas mudou de rumo, mas o objetivo é o mesmo, o crescimento espiritual.

Nada pode nos extrair a responsabilidade individual, e continuamos a ser responsáveis por nossos próprios atos. Se pararmos, certamente haveremos de fracassar, e é imperioso que logremos sucesso.

Se a distância de casa se constitui em dolorosa saudade, reforcemos a fé até identificarmos que essa distância é bem menor do que imaginamos. Ela é do tamanho da nossa evolução.

Se a compreensão nos falta, será o estudo sistemático que nos iluminará a compreensão. Não vamos deixar a ociosidade nos roubar os melhores instantes. Ao contrário, vamos trabalhar para superar nossas más tendências.

Este lugar é uma grande oportunidade que o Senhor nos dá para que possamos crescer. Precisamos saber valorizá-lo."

A palestra se estendia trazendo iluminação a todos nós, deixando nossos corações mais leves, e víamos nossa nova morada como parte da misericórdia de Deus.

Todos que ali estavam desejavam se melhorar enquanto homens. E vibrações salutares eram distribuídas entre todos, deixando o ambiente muito agradável.

Alguns choravam, outros pareciam estáticos diante de informações tão claras e oportunas. A reunião durou cerca de 1 hora. Quando terminou, retornamos para os apartamentos desejosos de nos tornarmos mais envolvidos com o bem de todos.

Eu estava feliz por fazer mais um amigo e receber dele

informações que me ajudam a conhecer melhor esta Doutrina.

Realmente Thiago se tornou um grande amigo de todos nós.

Sua forma segura e direta me ajuda muito, pois, muitas vezes, ele me transmite força e coragem. E assim um auxilia o outro, formando uma família aqui, onde a vida se estende com a mesma naturalidade daquela que tínhamos na Terra.

amor...

Colônia Arco-Íris

Por atribuição das tarefas que estou realizando no campo da literatura, pedi ao meu instrutor, Dimas, que me permitisse visitar a Colônia Arco-Íris, sobre a qual eu tanto ouvia meu amigo Matheus falar. As informações que ele me trazia enchiam-me de curiosidade, mas, somente com elas, eu não poderia escrever com clareza. Ele ouviu com bondade e me disse prestimoso:

– Não vejo o menor problema. Visitar amigos sempre será muito bom, pois somos uma só família. Vou marcar a visita com os tarefeiros de lá e, assim que obtivermos autorização, faremos a visita.

– Converse com Matheus e acerte com ele os detalhes. Como ele já conhece a Colônia, será nosso anfitrião.

– Tudo bem. – falei. – Vou agora mesmo. Tenho certeza de que colherei por lá lições de valorosa importância.

Os dias se passaram, e fiquei sabendo que tudo estava certo para a visita no dia seguinte.

Fiz a preparação necessária à visita, procurando livrar a mente de pensamentos desagradáveis, pois, segundo o próprio Matheus, lá o clima espiritual obedece a alto teor de sutilidade, já que a Colônia Arco-Íris fica numa faixa divisória entre a dimensão em que estamos e a próxima.

Viajamos com a visão dos primeiros raios solares, que riscavam o espaço infinito com fios de ouro, tecendo a cortina de luz que envolve o mundo.

Na companhia de Dimas e Matheus, segui volitando[14] rumo à Colônia.

Após duas horas, avistamos extensa luminosidade, semelhante a uma grande metrópole vista do alto.

Percebi que meus pulmões respiravam com mais facilidade, uma vez que eu não sentia a penetração do ar em minhas vias respiratórias. E, no entanto, não tinha sensação de falta de ar. Os pensamentos fluíam dentro de mim como se, de um momento para o outro, toda sua densidade desaparecesse.

Eu sentia que era capaz de fazer grandes cálculos ou interpretar complicadas lições de Filosofia sem esforço exagerado. As ideias dispersas se juntaram, oferecendo-me mais clareza.

Procurei pensar em nossos primeiros relatos escritos, cujo conteúdo não me lembro totalmente, mas naquela hora me vinham à memória pequenos detalhes.

Minha visão expandia-se e eu percebia que não só via pelos canais da retina, mas podia pressentir tudo que estava ao meu lado ou atrás de mim. Era uma espécie de visão ampla, nada exigia de mim muito esforço.

Mais próximos da grande cidade, diminuimos a marcha e lentamente pousamos diante de um portão, que se abriu, e uma

---

14 **Volitação:** [do latim *volitare* + *-ção*] 1. Esvoaçar; voejar; flutuar. 2. Capacidade de se deslocar, sob impulso de sua própria vontade, que o Espírito desencarnado ou desdobrado, com certo nível de adiantamento, possui.

espécie de antessala nos acolheu por instantes. Foi então que quebrei o silêncio e perguntei:

– É normal o que estou sentindo agora?

– É bem normal. – respondeu Dimas.

– Você está em uma esfera acima da nossa. A Colônia Arco-Íris já está quase trocando de dimensão, devido ao seu alto grau de evolução. Por isso, sua atmosfera é tão suave.

– Os irmãos que aqui habitam há muito deixaram as algemas do egoísmo. Eles partem agora para a regeneração, onde pleiteiam um amor real e, às vezes, incansável para nossos sentidos atuais. Para se chegar até aqui é necessário amar mais.

– É, Gabriel, quando vim estudar aqui, – falou Matheus –, tive de passar por uma descompressão mental, pois minhas viciações dos sentidos pouco evoluídos me impediam de ter entendimento maior de tudo.

– Permaneci por aqui cerca de quatro semanas. No começo, foram muitas novidades que perturbavam minha natural curiosidade. Passando os primeiros dias, sob o amparo de benfeitores queridos, comecei a absorver as lições com naturalidade.

– Nesta colônia, eles não possuem material escolar ou didático, tudo fica encerrado na própria mente, daí a necessidade da atenção redobrada. Se perdermos algo, "já era".

Nosso diálogo foi interrompido por um som de campainha, e uma moça entrou trazendo consigo uma espécie de relógio, pedindo para que usássemos. Iria nos ajudar durante o estudo. Somente eu e Matheus colocamos o relógio. Dimas não precisava, pois sua mente já havia ultrapassado os limites que ainda nos restringiam.

Eu quis saber o que era aquilo e Matheus respondeu:

– Isso, Gabriel, é uma espécie de condicionador de energias, que nos permite trafegar por aqui isentos da pressão atmosférica diferente da nossa. É como se fizéssemos um mergulho no oceano e a instrumentação marítima nos preservasse a sanidade. Não se preocupe, ao entrarmos na Colônia, tudo isso acabará. Só estamos encarando um mundo mais evoluído que o nosso.

Entramos. Fiquei maravilhado com tudo que via. Inúmeros pavilhões feitos de material florescente se enfileiravam um após o outro, feito uma colmeia. Perfumes diferentes dos que eu conhecia pairavam no ar.

Irmãos passavam por nós e seus sorrisos me cativavam, como se eu já os conhecesse, tal o grau de seu afeto adiantado. Sentia-me acolhido na residência de pessoas que me amavam muito. Era muito bom.

Seguimos adiante observando tudo que era possível registrar e paramos num local que, para mim, era semelhante aos "Jardins Suspensos da Babilônia".

O local era de grande beleza e, sentado por lá, um ancião sorridente estendeu a mão e nos chamou. Percebi que Dimas e ele já se conheciam, pois se abraçaram fortemente. Fomos apresentados e sentamos ali ao lado deles. Então Nayari, o ancião, nos falou:

– Que saudade, meu irmão. Faz tempo que não o vejo por aqui.

– É o trabalho. – justificou Dimas.

– Nossas tarefas em nome do Senhor têm se multiplicado, e o senso do amor nos impulsiona cada dia mais. Mas estou bem e muito feliz. Estou aqui hoje a título de estudo. Nosso irmão Gabriel escreverá à Terra, então temos a obrigação de lhe ensinar o melhor. É necessário que a ideia das "Muitas moradas da casa do Pai" se multiplique por lá.

– Aproveite! – disse Nayari, encorajando-me a continuar.

– Nossa Colônia é um singelo ambiente onde externamos nossas tarefas de amor ao próximo. Mesmo aqui, onde a evolução alcançou patamares bem mais altos que a Terra, a caridade ainda se faz necessária.

– Como sabem, cada espírito está em um grau de evolução e mesmo aqui encontramos irmãos sofrendo intimamente. A vida eterna é de muitos desafios. Já não lutamos mais para expulsar o mal, mas intensificamos esforços para fazer o amor deslanchar.

– A ignorância trafega nos círculos inferiores, produzindo dor e agonia. Em nossa esfera, a moral elevada já é bem visível. Tudo que desejamos é crescer de mãos dadas.

– Vocês possuem algum obstáculo ao progresso particular? – perguntou Matheus.

– O maior obstáculo, em qualquer parte, sempre será o da consciência devedora. – respondeu o ancião.

– Embora tenhamos nos adiantado na marcha do bem, nossos erros do passado ainda não foram todos resgatados, o que nos causa certa angústia, pois quanto mais perto de Deus, maiores serão as cobranças íntimas.

A conversa seguiu repleta de informações preciosas. Tudo ali era novidade, mas eu quis saber mais e perguntei:

– Gostaria de saber se vocês têm acesso aos pensamentos dos habitantes dos mundos mais atrasados.

– Tudo depende do que desejamos observar. – explicou Nayari.

– É uma questão de sintonia, mas, quando nos sintonizamos com sofrimentos, endereçamos pensamentos de amor e fé. É assim que seguimos auxiliando mesmo a distância.

– Há tempos, deixamos os horrores da fome, os transtornos do egoísmo e a queda originada no orgulho. Todas as nossas buscas por aqui, como já disse, são intelecto-morais.

Feliz por estar recebendo tantas informações, nem percebi o tempo passar. Foi quando Matheus chamou-me a atenção para algo que me deixou deslumbrado: o espetáculo da Lua.

Era dia, mas ela surgia no alto parecendo um espelho. Seus raios prateados se perdiam na claridade solar, mas ela não deixava de estender sua magia sobre nossos olhares sedentos de novos conhecimentos. E então perguntei:

– É a mesma Lua que vemos de nossa casa?

– Claro que sim. – respondeu Matheus.

– É que aqui onde estamos ela orbita banhada pela claridade solar durante horas. Tanto a Lua quanto o Sol exercem poderoso efeito sobre os habitantes daqui, pois parte da alimentação deles provém de elementos eletromagnéticos, oriundos desses astros. É uma espécie de fotossíntese ou osmose, tudo depende de como enxergamos. É até difícil descrever devido à singularidade do nosso vocabulário.

– Estamos numa esfera muito mais adiantada, comparada àquela que habitamos. – complementou Dimas.

– Não há muita similaridade entre essas duas colônias, como não há entre uma metrópole e um vilarejo do interior. Tudo que você precisa saber aqui, Gabriel, é que é um mundo mais feliz, dentro da nossa dimensão. O que nos mostra que é possível seguir a marcha do progresso, basta ter boa vontade.

A conversa estava ótima, mas tínhamos de retornar. Então, nos despedimos de Nayari, o ancião amigo do Dimas e agora nosso. A viagem de retorno não tardou e, quando chegamos em casa, perguntei ao mentor:

– Tudo aquilo é muito interessante. Você acha que é possível alguém partir da Terra diretamente para lá?

– Acredito que sim. – respondeu meu amigo Dimas.

– Quantos na Terra oferecem suas existências ao amor ao próximo? Quantos trafegam na miséria, a fim de quitar as próprias dívidas e, sem reclamar, trabalham pelo bem da maioria? Quantos doutores do amor encontramos reencarnados, curando chagas da ignorância através da paciência doméstica?

– A Terra ainda é um mundo atrasado, mas sempre contou com benditas almas redimidas ajudando no seu progresso moral e intelectual. Certamente, esses espíritos de escol[15], ao deixarem a matéria, retornam para os mundos evoluídos, de onde um dia partiram cheios de amor e abnegação.

– Quando você narrar à Terra este nosso estudo, não se esqueça de dizer que, em qualquer plano onde habitarmos, seja evoluído ou não, se crermos no amor puro do Pai Maior, sempre a felicidade será possível.

– A noção de felicidade, Gabriel, está mais ligada ao bem que se estende do que às benesses que se espera receber. Somos todos filhos de Deus e a nós Ele reserva a bênção da evolução.

Abracei o companheiro Dimas e o amigo Matheus, e ali reunidos agradecemos ao Senhor por todas as bênçãos oferecidas por Seu amor, guardando-nos na paz sincera do bem.

15 **Espíritos de escol:** espíritos de categoria muito elevada pelo amor, desprendimento e moral.

eternidade...

Educando a mente

Estávamos todos sentados à espera do orientador que faria a preleção da tarde. A aula era fundamental para todos nós, porque se tratava de nossa conduta perante a convivência com os outros.

Era importante saber o que podíamos fazer e como nos comportar por ali, onde tudo se constituía em ambientação nova. Diante de tantas perguntas e dúvidas, resolvemos nos inscrever no curso de ambientação espiritual. Assim, entenderíamos melhor tudo à nossa volta.

Afinal, éramos as mesmas pessoas ainda. A fome, a sede, a transpiração, o banho, as sensações genésicas, as unhas e os cabelos crescendo. O que fazer então?

Ali, naquele curso, teríamos as informações necessárias.

Busquei dar a máxima atenção a tudo, pois o que parecia bem simples ali repercutia em nossas almas aprendizes. Foi o irmão Saulo, cooperador das tarefas da Colônia Fabiano de Cristo, quem nos falou com bondade:

"Meus amigos, esta reunião tem por objetivo passarmos a vocês informações que caracterizam equilíbrio e bem-estar aqui. Notadamente, os irmãos necessitam de posicionamento quanto ao

tipo de vida que os aguarda. Então trataremos de assuntos peculiares, mas importantes. Desejo que Jesus nos abençoe e eu possa lhes proporcionar uma tarde instrutiva e sadia.

Vamos pensar que a vida é uma só. Que se fragmenta entre uma existência e outra. Desse modo, somos compelidos a raciocinar que nada tem fim para o espírito. Por maior que sejam nossas dificuldades e se a eternidade é patrimônio de cada um, as atribuições do espírito são posses individuais.

Quando partimos para a Terra, levamos para lá o que carregamos na alma. Os gostos, as escolhas, os pensamentos, nada mais. E, por lá, assumimos um corpo denso que se afinará aos poucos com nossas ideias. Então com ele formamos uma coparceria. O corpo nos oferece veículo e uma soma de provas e expiações, e nós, os espíritos, somos os dirigentes de tal veículo. Doamos a parte pensante. Fazendo, assim, com que a vida humana se multiplique e desenvolva em nós o ser integral.

Na Terra, externamos aquilo que trazemos na intimidade. Aprendemos muitas coisas, ensinamos outras, mas em geral experienciamos lições que nos fazem maiores.

Quando retornamos ao Plano Espiritual, deixamos lá todo o peso. A parte material não viajará conosco, e damos a isso o nome de morte física. Ao penetrarmos a antiga casa espiritual, temos de começar tudo de novo, engatinhando nas primeiras lições até relembrarmos tudo que está adormecido em nosso interior.

Este é o nosso objetivo aqui. Conseguir nos reabilitar, reaprender normas, conceitos, regras, pois o que é mais simples por lá se torna aqui uma incógnita.

Por exemplo: Devo tomar banho? Claro que sim. A transpiração também é fenômeno do perispírito, ou seja, do corpo espiritual.

A diferença em relação à nossa apresentação nesta Morada, é que aqui há maior responsabilização. Tudo é medido pelo grau de intenção, enquanto na Terra é mensurado por ações.

Se um jovem envolve-se com outra jovem lá, com interesses puramente sexuais, e depois de um mês a dispensa sem escrúpulos, nada sofrerá perante a justiça que rege a organização humana. Mas, aqui, encontrará a correção notória pela própria consciência. É imediata a autorreprovação. Então cabe uma análise mais apurada sobre as intenções que carregamos na tela mental. Aquilo que plantamos no coração dos companheiros também aparecerá no nosso.

A educação dos sentidos é fundamental. O sexo é patrimônio da alma e sempre estará sob seu julgamento e responsabilidade. Os hormônios da carne têm suas nascentes na essência perispiritual. O corpo físico obedece fielmente a esta lei. Se a excitação foge ao nosso controle e, apesar dos esforços, não conseguirmos dominar tais impulsos, temos a obrigação de procurar auxílio eficaz para controlar a própria necessidade. O que não podemos é buscar alívio das sensações íntimas em outro ser, a título de satisfação pessoal.

A alimentação demanda raciocínios bem apurados, pois, no ambiente físico, há sem dúvida maior necessidade de satisfação degustativa e alimentar, pois o corpo de carne é uma máquina orgânica que só se movimenta estando bem saciada. Mas por aqui o alimento tem função mais psicológica do que sustentável.

O corpo espiritual se nutre de formações bem mais espiritualizadas. Os fluidos[16] *nos dão fortalecimento eficaz ante as necessidades. Mas os companheiros que residem por aqui necessitam, na maioria, receber informações das mandíbulas para se sentirem*

16 **Fluidos:** emanações energéticas.

saciados. Então são servidos alimentos similares aos da crosta para não constranger os recém-chegados.

Mas, em mundos mais elevados, a alimentação ocorre por intermédio de elementos do amor, ou seja, da doação de uns aos outros, formando o alimento do espírito evoluído.

Por um período, todos vocês se alimentarão com naturalidade, sem mudanças expressivas, mas serão convidados a reaprender a se servir de outras fontes de alimentação.

Não tem nenhum sentido por aqui a palavra 'comemorar', que é substituída por confraternizar. Nenhum ser dos reinos inferiores deverá morrer no corpo para nos alimentarmos. Devemos nos reunir para uma convivência mais aproximada com aqueles que amamos.

No futuro, os novos habitantes da Terra implantarão por lá a confraternização, na qual o que valerá é a presença amiga e o calor de seu afeto. Nada mais.

O esporte é uma saída para que possamos aprender a nos envolver uns com os outros. Trocar afinidades, parcerias, sem que haja morticínios.

A sede terá neste Plano satisfação na água, pois a água aqui é veículo de muitos elementos nutritivos e saciáveis. Mas, acreditem, nós só a usamos para proveito supremo. Nada de fazer dela veículo de higiene nos caminhos da limpeza comum.

Toda higienização de lares, banheiros, pisos, é feita à base de magnetismo, que desmaterializa as defecções e sujeiras produzidas por nossa civilização.

Vamos crer, meus amigos, que no futuro tudo isso será para todos algo bem comum."

A palestra se estendeu tarde adentro e um número acentuado

de informações penetrava em nossas mentes. Eu fazia instantaneamente uma natural analogia entre aquele novo mundo e o que morávamos antes, enquanto o Irmão Saulo continuava sua palestra.

"Quanto desperdício ao usar a água potável para lavar calçadas, dar descargas nos sanitários e tantos outros usos inadequados.

O excesso de alimentação e o mau uso da sexualidade.

Realmente, desencarnar é candidatar-se a uma faculdade onde nossas vidas tomarão outro rumo. Hoje vejo a grande necessidade de modificação da Zootecnia, para que modos e usos relacionados a esta ciência se espiritualizem.

Criamos os animais com o mesmo zelo de um familiar, dando a eles alimentos, remédios, conforto e, quando estão saudáveis, simplesmente são abatidos para que nos sirvam de alimento.

Por mais comum que seja para a Terra, e eu aceitava parte disso com naturalidade, temos de rever nossos conceitos e enxergarmos nos grãos, nas verduras e nos vegetais fontes generosas de alimentação frugal e inteligente."

Ao final da preleção, o companheiro nos agradeceu a permanência, afirmando que são poucos os que realmente se interessam por mudar os rumos da cultura alimentar e social da Terra. Afirmou que cabe a nós reformá-la por meio de possíveis retornos ou de mensagens e livros que vão lentamente lapidando a consciência encarnada e desencarnada.

Fiquei feliz com as ótimas informações e logo pensei nos campos da Terra que poderão ser para nós grandes laboratórios para evolução.

Por aqui, encontrei um freio para tudo que me habituei a

pensar na Terra, o qual se chama reflexão. Após refletirmos, o pensamento sempre tomará outro rumo. Vamos pensar mais. Tudo depende de como enxergamos a vida: se a vemos como um produto de nossas escolhas ou como uma obra interminável de Deus.

Necessidade da espiritualização interior

Nesse período de um ano e meio que passei aqui, tive acesso a muitas informações. Aprendi novas ciências e filosofias. Apurei-me na religiosidade. Ao conhecer a Doutrina Espírita, um mundo novo de informações salutares preencheu minha alma, a ponto de não mais conseguir raciocinar sem tais conceitos.

A eternidade surgiu diante dos meus olhos consubstanciada pela razão.

É impossível, para mim, negar a veracidade do Espiritismo. A cada passo, reconheço suas verdades.

Especificamente na Colônia Fabiano de Cristo, os estudos são alicerçados pelas informações 'Kardequianas'[17]. Por isso, todos que chegam aqui são convidados a conhecê-la e a maioria dos internos não encontra obstáculo em aceitá-la.

Na Terra, muitos desprezam a Doutrina Espírita, porque não se interessam por uma conduta reta no caminho da reforma íntima. Negam a continuidade da vida após a morte física, sem nenhuma base aceitável, e afirmam que a reencarnação é obra da ilusão dos que desejam arranjar desculpas para as próprias angústias.

17 **Kardequianas:** baseadas na codificação da Doutrina Espírita feita por Allan Kardec.

Mas, quando chegam no Plano Espiritual e se reconhecem vivos, sem possuir o corpo físico, e suas consciências despertam por flashes de lembranças que não fazem parte de sua vivência diária, assumem que realmente a vida é muito mais longa do que um período compreendido entre o berço e o túmulo.

Os mais interessados buscam aprofundar-se nos ensinamentos espíritas para estabelecer melhor ligação com as próprias verdades. Nos vários cursos que fazemos para melhorar a cultura e os conhecimentos espirituais, nos reabilitamos às tarefas comuns deste Plano de imortalidade.

Num dos estudos dos quais participei, conheci Fernando, que chegou aqui antes de mim.

Ele nasceu em família espírita, mas não teve contato mais próximo com os estudos de Kardec.

Na Terra, foi um rapaz bem posicionado. Começou a trabalhar ainda jovem e carregava a responsabilidade de cuidar dos bens de seu tio, que não teve filhos.

Tinha uma vida equilibrada, sem afetações relacionadas à juventude. Teve a existência abreviada, segundo a programação à qual obedecia, e saiu do corpo físico igual a mim, ou seja, em um acidente automobilístico.

No instante do seu desligamento, amigos deste Plano tudo fizeram para que ele recebesse todo auxílio possível. Seus avós, desencarnados, cuidaram para que fosse recebido nesta colônia, de acordo com o seu merecimento.

Por dias, ficou acamado restabelecendo-se do trauma, mas, quando sua consciência despertou para as realidades que nos aguarda após a desencarnação, quis ter informações sobre os pais e a família que deixou na crosta.

Em conversa mais reservada com sua avó Dirce, Fernando quis ter informações a respeito do lar, e nos contou como foi.

– Vó, compreendo que deixei o corpo e, no entanto, continuo o mesmo. Em mim nada tem se modificado. Não consigo entender alguns acontecimentos. Sinto que cheguei aqui antes da hora. Estou preocupado com os meus pais. Como estarão eles?

– Tenha calma, meu filho. – falou a senhora, muito tranquila, ao neto desencarnado.

– Sei que tudo aqui será novidade para você, visto que seus conhecimentos atuais não envolvem a sobrevivência do espírito além da morte física. É natural que estranhe que aqui seja a continuidade da vida que tinha antes.

– Olhe, quero que não se preocupe com os seus pais, irmãos e amigos, pois eu mesma escrevi para eles no dia do sepultamento do seu corpo, informando sua real situação. Acredite, Fernando, eles estão sofrendo muito, mas reconhecem a veracidade das informações que lhes enviei. Você se lembra quando eu lhes mandava mensagens daqui?

– Sim, lembro. – afirmou o jovem.

– Li todas, mas confesso ter ficado com algumas dúvidas. Não encontrei fidelidade ao seu vocabulário, e as composições históricas variavam de modo que deixavam em mim algumas desconfianças. – admitiu Fernando diante de sua avó.

– Isso é natural. – ela explicou.

– As mensagens deste Plano, na maioria, quando não encontram terreno espiritualizado, descambam para a incredulidade. Veja, meu filho, que pode comprovar hoje que tudo sempre foi verdade e seus pais atestam meus escritos como verdadeiros.

– O coração humano só permite a plantação das flores da

espiritualidade após ser arado pela maturidade. Fernando, você é muito jovem no corpo para entender os caminhos de Deus, sem uma doutrina que lhe apure a intimidade espiritual.

– Por enquanto, nada posso lhe oferecer além do amor e da minha companhia. Peço que se mantenha confiante na bondade de Deus e creia que tudo que vive agora é bem natural a todos os espíritos em evolução na Terra.

– Quando estiver melhor, poderá também buscar o auxílio mediúnico para relatar pessoalmente a seus entes queridos a sua situação de espírito desencarnado.

– Confie em Jesus e ore para recolher luz para o próprio coração.

– Siga adiante, meu amor. A vida sempre será patrimônio do espírito, mas, a cada passo, encontrará ele a situação que o faça maior, se souber aproveitar as lições que o Senhor lhe oferece para o crescimento interior.

– Mas Vó, como poderei escrever, se desconheço este mecanismo? – perguntou Fernando, ansioso.

– Não disse que escreverá tão logo. – retrucou a senhora.

– Aqui a disciplina é rígida. Só poderá escrever quando seus conhecimentos lhe outorgarem essa verdade natural. Ainda é muito cedo. Sua crença mutilou a sua aceitação quanto ao futuro dos espíritos. Sei bem que esperava, após o sono da morte física, a letargia[18] dos sentidos, o que lhe causa tantos assombros. Pacifique sua alma e tenha paciência.

---

18 **Letargia:** [do grego *lethargía*, pelo latim *lethargia*] 1. Perda temporária da sensibilidade e do movimento. 2. Estado patológico que se confunde com a morte aparente ou clínica, em vista da rigidez e da frigidez corporal, da insensibilidade, do dilatamento de pupilas, enfim, de quase todas as características da morte biológica.

– Antes de escrever qualquer bilhete à Terra, terá de estudar muito, conhecer os mecanismos da mediunidade e as ligações de sintonia entre desencarnados e encarnados. Somente assim poderá transmitir suas ideias à Terra por meios sadios. – explicou a senhora ao seu neto.

Ouvi a declaração do nosso amigo Fernando e me senti útil, pois eu sabia que poderia, em casos assim, acolher o coração dos que acabaram de chegar.

A conversa se estendeu noite adentro, resultando em uma amizade verdadeira. E chegamos à conclusão que muitas almas, em trânsito na Terra, vivem desavisadas quanto ao próprio rumo de sua individualidade, após a morte do corpo que as abrigaram.

Poucos são os que se preparam visando à vida do espírito eterno.

Temos visto muitos familiares buscarem as mensagens dos filhos desencarnados e se esquecerem de que eles mesmos não se educaram quanto à sequência da vida em outras dimensões. E agora esperam, chorosos, por uma notícia acreditando alcançá-las. Mas seus afetos permanecem por aqui endurecidos quanto aos estudos necessários e não logram sucesso, pois ainda trazem cristalizada em si a fragrância ilusória das facilidades terrenas.

Esperam que mais cedo ou mais tarde, alguém lhes dê oportunidades, sem a conquista justa.

Certamente, estes nunca escreverão e seus familiares permanecerão na prova da separação momentânea, por não terem plantado no coração dos entes amados, sob suas responsabilidades, a certeza da imortalidade da alma.

"Neste lado" da vida, é comum irmãos permanecerem internados, crentes de que tudo se resolverá por si só, sem nada fazerem para modificar a sequência dos fatos.

Neste caso, a oração dos entes amados que permaneceram na Terra poderá fortalecer a fé dos que já partiram para o Mundo Espiritual, de modo que busquem o estudo para reabilitar a consciência e poderem seguir novos rumos, mudando interiormente.

O bem nos põe em abençoada estação de tratamento, mas, para que sejamos bem-sucedidos, devemos empreender esforços para vencer também, por aqui, os aguilhões da incredulidade.

É preciso amar e trabalhar. Estudar e acreditar, para que possamos continuar sempre construindo, onde quer que estejamos, em nome da evolução e do amor do Cristo.

Feminilidade e beleza

Ao contrário de tudo que buscávamos na Terra, aqui, os interesses mais íntimos devem trafegar conduzidos pela razão.

Os sentimentos deixam o primitivismo do instinto e seguem buscando a evolução.

Quando cheguei “deste lado”, assim como a maioria, trazia comigo, cravadas na instrumentação psicológica, as sensações genésicas, ou seja, a libido, o desejo sexual.

Estudando nossas necessidades, os instrutores daqui, na maioria psicólogos, psicoterapeutas da alma, criaram meios de nos ensinar a educar o impulso sexual.

No vigor dos 20 anos, era bem complicado sanear os pensamentos e deixar tais instintos paralisados, mas esses benfeitores conseguiram. E, por meio de terapias de autoconhecimento, descobrimos que podemos sim controlar as tendências genésicas. Com o passar do tempo, passamos a não mais nos importar com tais necessidades, deixando o espírito se sobrepor às questões animalizadas.

Alguns logo conseguem superar tais necessidades. Outros perambulam, à mercê de sombrios pensamentos que vampirizam[19] a paz.

Em uma de minhas conversas com o Dimas, quando estudávamos tais questões, eu lhe perguntei:

– Meu amigo, estudamos que as sensações instintivas acompanham o espírito. Como então distanciar as ideias dos desejos puramente carnais?

– Não é tão difícil assim. – respondeu o instrutor.

– Ninguém tem de se transformar de um momento para o outro. Reconhecemos tais fragilidades. Por isso, alojamos os nossos hóspedes em localidades diversas. Os homens estão aqui. As mulheres em outro lugar. Se, deste modo, não é fácil controlar os pensamentos, imagine tendo-os nutridos por fatores de proximidade emocional...

– Mais cedo ou mais tarde, alguém, obedecendo aos instintos, cederá às paixões do sexo, desequilibrando a emoção do outro. Aqui, onde estamos, não se encontram mulheres. Assim fica mais fácil administrar os próprios interesses emocionais. A nossa preocupação não é com o ato sexual, mas sim com as distorções da emoção irrefletida, onde a carência sobreponha o raciocínio.

– Em um mundo regenerador, não cabe usar o sexo oposto a título de satisfação momentânea.

– A educação dos sentidos deve ser uma prioridade, a fim de exterminar a bigamia, que gera tanto carma[20] por onde passa.

---

19 **Vampirizar:** absorver fluidos vitais de outros Espíritos encarnados ou desencarnados.

20 **Carma:** [do sânscrito: *karmam*] 1. Nas filosofias hinduístas, o conjunto das ações dos homens e suas consequências. 2. Vocábulo emprestado das doutrinas hinduístas que, no meio espírita, tem se vulgarizado como equivalente da Lei de Causa e Efeito, também chamada Lei de Ação e Reação, lei do retorno, lei da causalidade, porém sem aquele conteúdo de inalterabilidade encontrado em sua acepção original, já que o Espiritismo incorpora, ao seu lado, a lei de misericórdia ou das

– Tudo está condicionado na mente, que supervaloriza o prazer buscando meios de saciá-lo. Na infância física, todos esses sentidos permanecem adormecidos, por estarem submetidos aos interesses infantis. Essas forças latentes não influenciam e, no entanto, continuam dentro do espírito que a carrega.

– Se podemos controlar a libido no período infantil, podemos controlar também quando voltamos para este Plano. Quando almejamos algo e nos dedicamos para obtê-lo, esquecemos todo o resto. Temos de descobrir qual a nossa meta e lutar por ela. É assim que se vence.

– Qualquer um de nós pode manter um relacionamento. Resta saber se o que queremos é unir forças no caminho do bem ou criar um mundo particular, onde cabem unicamente duas pessoas.

– Se é assim, – perguntei desejando saber mais –, por que não aprendemos isso enquanto encarnados, visto que a maioria dos jovens sofre tanto diante das questões de responsabilidade relacionadas ao sexo?

– Eu disse "Mundo Regenerador"[21]. – respondeu Dimas.

– Na Terra, ainda está presente o machismo, incutindo em todos a concepção de que um homem, para ser macho, tem de se comportar como um desesperado à procura de uma parceira para consolidar seus desejos meramente materiais, sem sequer envolver o próprio coração.

---

compensações, pela qual os atos bons podem abrandar ou neutralizar efeitos dos atos ruins desta ou de pregressas existências.

21 **Mundo Regenerador:** tornar-se mundo regenerador é a próxima fase do nosso planeta, o alvo que devemos nos esforçar para atingir, porque nesses mundos o espírito imortal está liberto de muitos sofrimentos necessários a espíritos rebeldes às leis divinas. Neles, goza-se de uma felicidade considerada impossível por muitos de nós, mas mais próxima da felicidade real, que vem de dentro do ser, pela sua compreensão da sabedoria e do amor de Deus. São mundos mais felizes em relação à Terra.

– Uniões felizes nascem de junções responsáveis, alicerçadas nos interesses elevados. A satisfação das sensações genésicas provoca prazer e saciedade quando bem conduzida, mas pode trazer culpa e morticínio, quando emoldurada por questões de animalidade desordenada.

– Você descobrirá que pode converter suas forças genésicas em transformação amorosa e feliz, dando um sentido Crístico àquilo que seria destruição e dor em mentes despreparadas. No futuro, seus pensamentos já não mais buscarão saciar os desejos sexuais, solidificando-se na esfera elevada do amor incondicional ao próximo.

Ouvi tudo aquilo com interesse e acreditei. Com o tempo, fui aprendendo a fazer as conversões necessárias. Não perdi a masculinidade nem a noção do que eu sou, mas já não desperdiço pensamentos buscando saciar ilusões transitórias.

Estando aqui há quase dois anos, aprendi a me comportar com interesses fraternais, e a aparência feminina já não mais me inspira prazer físico, mas sim oportunidade de crescimento em conjunto. Pensando assim já estou habilitado a conviver com irmãs que, assim como eu, já aprenderam o "bê-á-bá" do mundo regenerador e aspiram por relações dirigidas ao bem de todos.

A convite do Dimas, fui com ele visitar a Colônia Jasmim, outro departamento da Colônia Espiritual Alvorada Nova. Ali estavam congregadas mais de 5 mil irmãs desprendidas dos elos corporais, recebendo auxílio amoroso diante da evolução que as aguarda.

Quando lá chegamos, inúmeras surpresas surgiram diante de mim. A beleza do lugar supera qualquer expectativa anterior. Flores de variados matizes decoravam o ambiente. Jardins se perdiam pelo vale adiante. Delicados arranjos decoravam as portas dos apartamentos. As roupas que as moças usavam valorizavam ainda mais a beleza daquelas jovens que, transbordando doçura e ingenuidade, nos cumprimentavam com sorrisos fraternais.

Todas eram tão lindas, que eu seria incapaz de escolher a mais bela. Segundo Dimas, elas possuíam a mesma aparência da Terra. Algumas com manequins magérrimos, outras mais robustas, mas todas traduziam a angelitude de espíritos felizes e devotados ao bem. Não aguentando a curiosidade, perguntei ao benfeitor:

– Serão elas espíritos de Luz que devotaram suas existências ao bem?

– Algumas delas, sim. Mas, na maioria, são companheiras que, como você, chegaram aqui para evoluir mais. Deixaram as vestes físicas[22] em situações variadas e buscam crescimento neste Plano, aproveitando assim toda oportunidade para aprender e compartilhar.

– Conquistaram a razão e hoje podem, por meio do afeto refinado, estabelecer relacionamentos felizes, que levarão para a Terra em reencarnações futuras, ou ascender para esferas mais elevadas do cosmos.

– Ninguém por aqui, Gabriel, está obrigado a conviver com a solidão íntima. Sempre é possível alicerçar a paz em bases de amor real.

– Quando o espírito se eleva, deixa as sensações brutais para se satisfazer no campo das relações responsáveis. Os encontros de espíritos afins não são marcados pelo contato, mas sim pelos elos da intimidade moral de cada um.

---

22 **Vestes físicas:** corpos físicos.

– A evolução muda a conotação do "prazer", fazendo-o trafegar entre vibrações salutares. Veja que algumas delas estão acompanhadas por cavalheiros. Não estão unidos na ideia de "dar certo", mas já se reconhecem como compromissados por elevados interesses de evolução.

– Nem todas por aqui irão se ligar a alguém, pois algumas já possuem laços de amor eternos, estando unidas a companheiros que estão reencarnados ou em outras esferas do Universo. Ao contrário da Terra, aqui ninguém se desespera para arranjar companhia.

– A mulher ou a feminilidade não está condicionada a ser cônjuge, mas pode com muita beleza ser a irmã, a amiga, a benfeitora que cuida com amor daqueles que o Senhor coloca em seu caminho. Com a evolução, a aparência perde o sentido e as almas eternas se reunirão, não mais para trocar sensações orgânicas, mas sim para se compenetrar em espírito, consolidando a fé e a esperança.

– O sexo nasce na alma. Apresenta-se em instrumentação característica, mas se eterniza nas sensações de amor universal. Tanto a masculinidade como a feminilidade são condições transitórias, até que o espírito criado por Deus atinja graus de perfeição.

Tudo aquilo me dava noção de realidade. Afinal, qual de nós ali poderia dizer o contrário, vendo companheiras exalando tanta beleza e bondade sem fazer com que minha testosterona criasse em mim qualquer lembrança humana. Pensei na imensa distância que estariam aqueles conceitos das vivências às quais estava acostumado na Terra, e novamente perguntei ao Dimas:

– Mas não existem aquelas que não desejam tais transformações?

– Sim, existem. – respondeu o amigo, com satisfação.

– Mas não residem aqui. Estão localizadas em outros departamentos, até que possam melhor compreender tais relacionamentos mais apurados no bem. A responsabilidade busca a todos, mas sempre há aqueles que preferem ignorá-las e, portanto, estagiam por longos períodos na dor, até que a consciência marcada possa despertar.

Ficamos ali por algumas horas. Conheci algumas jovens. Fizemos amizades. Eu, a partir dali, teria aval para retornar quando quisesse. Voltei para casa consciente de que nosso livre-arbítrio pode garantir nossa felicidade e que o amor, por mais forte que seja, exige educação e responsabilidade. Gostaria de ter aprendido isso enquanto estava na Terra. Mas acredito que poucos aceitariam tais conceitos de amor evoluído.

Assim como eu, também teriam dificuldades.

amor...

Intercessão

Em nossos relatos, não nos prenderemos aos acasos tristes ou a fracassos existenciais. Desejamos apenas viabilizar informações deste "outro lado" da vida.

Não queremos nos especializar em contar tragédias nem tampouco arrancar lágrimas dos leitores. O que nos importa é a informação sadia que liberta os corações presos na dor.

Há pouco tempo, estive com companheiros de nossa colônia quc trabalham na Terra e que atenderam a um caso que me chamou a atenção, em particular.

Eu quis me aprofundar no assunto e colher mais informações que pudessem servir a nossos estudos. Trata-se do jovem Wander, de 20 anos e usuário de *crack*, há mais ou menos cinco anos.

Estava reunido com outros amigos que, assim como ele, eram viciados em drogas. Nós nos aproximamos, mas eles nem notaram.

Dimas me chamou e pediu para que eu olhasse com mais propriedade o íntimo daquele jovem. Colocou a destra sobre minha cabeça, o que me possibilitou auscultar o organismo do rapaz.

Então vi seu coração bater desabalado, na ânsia de bombear o sangue carregado de adrenalina, que as suprarrenais produziam sem cessar. Os pulmões, envoltos por imensa sombra negra, tudo faziam para efetuar as trocas gasosas. A bílis, em desequilíbrio, expelia substância esverdeada. A região cerebral entorpecia-se e o controle de todo o corpo físico se tornava cada vez mais difícil.

Poderoso êxtase dominava todo o organismo que, afetado pelo efeito da droga, não conseguia obedecer aos comandos neurológicos. Hormônios se perdiam aos montes nas secreções endócrinas.

Neurônios morriam sem nenhuma defesa. A pupila dilatada denunciava o descontrole da razão. A uretra não obedecia às atribuições do esfíncter, causando extravasamento da urina.

A sudorese se fazia mais intensa, pois as glândulas sudoríparas cumpriam seu papel de esfriar os músculos, que se estrangulavam ante tantas perturbações físicas.

Foi aí que vi o jovem tombar, indo direto ao chão.

Naquele instante, os amigos que estavam conosco se aproximaram e recolheram Wander, que tinha acabado de deixar o corpo vitimado por um Acidente Vascular Cerebral (AVC). Continuei a observar o corpo inerte no chão, enquanto o jovem era conduzido, inconsciente, para nossa colônia.

Vi um corpo estendido, no qual as células relutavam para viver, mas, sem o oxigênio que o sangue deveria lhes fornecer, era impossível a vida orgânica.

O hematoma deixado pelo aneurisma tomou parte do cérebro, impedindo que transmissões necessárias acontecessem, garantindo a vida física.

Fiquei um pouco impressionado, mas eu sabia que nada poderia fazer para ajudá-lo.

Vi os seus amigos gritarem por socorro e, sem rumo, cultivar grande desespero. A aparência física era de quem fazia parte da Classe Média.

Com sacrifício, colocaram o companheiro agonizante no carro e saíram rumo ao hospital mais próximo. Mas nesta hora já não havia mais vida naquele corpo.

Nós seguimos de retorno à Colônia. O jovem seguia inconsciente na maca, e eu perguntei ao instrutor:

– Dimas, este nosso irmão acabou de desencarnar por efeito de drogas. Não será ele um suicida?

– Temos de avaliar... – exclamou, mostrando atenção à minha pergunta.

– Mas quem determina ou julga as faltas é Deus, por meio da consciência de cada um. Nós aqui estamos para socorrê-lo. Cumprimos o papel do médico na Terra e não do Juiz.

– Reconhecemos a irresponsabilidade do companheiro. O mau uso que fez das faculdades orgânicas que garantem a vida na Terra. No futuro, ele deverá acertar tais débitos criados na falta de maturidade. Mas, no momento, deve receber nosso auxílio.

– Não sabíamos da desencarnação de Wander. Viemos até aqui a pedido de sua avó que, em oração, acionou os mecanismos do amor. E o amor manda que sempre devemos auxiliar sem questionamentos.

– Ele seguirá conosco para encontrar abrigo. Sei que não pode perceber, mas, ao seu lado, oito entidades sombrias aguardavam a sua morte e tudo fizeram para que ele desencarnasse. Foi, nesta existência, vítima de poderosa obsessão, resultante de um passado de erros graves, representado por algozes espirituais lhe fazendo cobranças dia a dia.

– Embora tenha desencarnado antes da hora prevista, não é

totalmente culpado e merece nosso auxílio. Nossa missão aqui era ajudá-lo a se libertar dos seus obsessores, mas eles se anteciparam a nós e tiveram sucesso em sua vingança, sobre a qual também terão de prestar contas no futuro.

– Por isso, ele deve ficar em nossa colônia para não ser escravizado por seus comparsas do passado. Mas terá de lutar muito para vencer as más inclinações que acompanham o espírito onde quer que ele esteja.

– Realmente, eu não enxerguei ninguém além dos nossos colaboradores e dos amigos do Wander. Eu sei que ainda tenho muito a aprender... – falei, consciente.

– Claro que sim. – concordou o mentor amigo.

Quando chegamos ao Hospital Escola Fabiano de Cristo, acompanhei os enfermeiros até o leito onde o jovem deveria descansar nas câmaras do pronto-socorro, e vi que ele se debatia, gritava e gemia, como se estivesse tendo uma crise epilética.

Fiquei impressionado, mas o mentor veio em meu auxílio:

– Não se preocupe, Gabriel. – falou, me esclarecendo.

– Nosso amigo ainda guarda possíveis ligações com seus cobradores e, por meio de ondas mentais, eles o perturbam, imprimindo em sua mente quadros com cenas de horror. É o fruto das companhias difíceis. Com o passar dos dias, ele encontrará serenidade e, ao se fortalecer espiritualmente por intermédio da boa vontade e da ligação com o bem, poderá encontrar a paz interior.

Tudo aquilo para mim era novidade, mas eu desejava aprender para, no futuro, poder auxiliar também.

Quando saímos do quarto, nos deparamos com uma senhora de estatura mediana e cabelos lisos jogados aos ombros e fios grisalhos que davam um tom diferenciado. Com o olhar preocupado, veio direto falar com o Dimas e lhe perguntou:

– Ele chegou mesmo?

– Infelizmente, chegamos em hora tardia e o processo físico já estava avançado... – disse nosso benfeitor.

– Como você sabe, ele não podia fazer uso das drogas, devido ao seu estado fragilizado de saúde orgânica. Nós o trouxemos e ele ainda sofre as perseguições dos seus algozes. Mas não se preocupe, não lhe faltará auxílio de nossa parte.

– Acredito que sim. – falou a senhora.

– Agora devo ir à Terra para socorrer o coração de minha amada Carla, que acaba de se separar de um filho tão querido. Da forma que ela se encontra debilitada, talvez não suporte a difícil notícia. Que Deus os abençoe.

A senhora saiu rapidamente. Acredito que rumo ao lar de Wander. A imprudência de nosso irmão trará para seus familiares muitas dores. Se eles souberem entendê-las, crescerão. Caso contrário, poderão multiplicá-las.

Aprendi muito com a participação neste socorro, e afirmo que é bastante difícil para quem parte carregar o peso dos próprios erros. Quem está reencarnado deve ter muito cuidado para não cair no assédio das trevas, pois a vida é muito bela para ser desperdiçada com tantas ilusões.

Há três meses, Wander chegou por aqui e tem se esforçado muito para melhorar, mas ainda se encontra hospitalizado. A dor da culpa que carrega aniquila o desejo de vencer. Sua Avó o visita sempre que pode, auxiliando-o a despertar para a verdadeira vida, a vida interior. Acredito que ele vencerá e nós tudo faremos para que possa se sentir em casa.

eternidade...

Falando sobre a evolução

Eu me habituei às lições que Dimas me transmitia no dia a dia e percebia que, sozinho, não poderia encontrar o mesmo crescimento.

Nas reflexões solitárias, eu encontrava o equilíbrio, mas nos diálogos sadios instruía o espírito.

Meu amigo sempre me surpreendia com informações importantes, e seu modo de transmiti-las era sempre incomum.

Conseguia extrair de um pequeno verme uma lição de vida.

Seu modo encantador apaixonou meu coração e, feito um Pai, tornou-se um importante instrumento da educação para mim.

Eu, como já disse, pouco conhecia das lições de Allan Kardec e, com os exemplos de Dimas e os estudos, passei a gostar cada vez mais de tais ensinamentos. Mas, quanto mais eu estudava, mais dúvidas surgiam. Então, um dia, num grupo de alunos, o envolvemos numa enquete a "queima-roupa" e lhe perguntamos:

– Dimas, se estamos "mortos", ou seja, fora da matéria grosseira, por que temos de aprender sobre a vida dos espíritos?

– Justamente porque somos espíritos! – respondeu, com interesse.

– Aqui é a morada dos desencarnados em situação de

equilíbrio, mas vocês são provas de que, ao reencarnar, esqueceram o conhecimento que possuem e agora acreditam-se sem informações.

– Você mesmo, Gabriel, acredita que nunca teve contato com as obras do codificador?

– Se nunca tivesse tido contato com a Doutrina dos Espíritos, com toda certeza, teria agora maior resistência com conceitos tão novos. Sua alma guarda grande conhecimento que, no futuro, virá à tona.

– A instrução espírita traz disciplina por onde quer que esteja. Se não crermos na reencarnação e a estudarmos com profundidade, como poderemos nos preparar para o futuro de provas e expiações? É muito importante para nós e para os encarnados conhecer e interpretar as lições concernentes à própria eternidade. Aquele que chega aqui, sem nada conhecer da própria individualidade em época alguma, sofre muito, pois procurará as próprias culpas em outros seres.

– Não desejo, Gabriel, fazer destes diálogos uma cartilha espírita, mas quero afirmar que quanto mais buscamos a luz, mais claros serão nossos pensamentos e escolhas.

– E aqueles que têm ligações mais acentuadas com outros campos da fé como ficarão diante de tais informações? – perguntou o irmão Bruno.

– Tudo aqui converge para o bem. – afirmou o mentor.

– Nenhuma consciência será violada. O amadurecimento é natural e fará com que despertem no tempo próprio de cada um.

– Não lutamos por religião, mas trabalhamos para a fé raciocinada. As religiões tradicionais criam forças sobre aqueles que se sintonizam com suas profissões de fé, de modo a agirem conforme aprenderam. Isso não significa que seja mal, mas com certeza causa certa estagnação naqueles que preferem acreditar no poder da fé sem obras.

– Com o tempo, aceitarão as lições oferecidas desinteressadamente a todos.

– É possível que os preconceituosos despertem para o arrependimento? – perguntou o companheiro Eliano.

– Nenhum arrependimento surgirá em nosso meio sem a instrução nascida na vivência. – explicou o benfeitor.

– Os preconceitos fazem parte da ignorância espiritual, mas aqui, onde nos reunimos com interesse maior, não há espaço para que o vício se alastre. Pelo contrário, tende a se perder.

– Todos nós, espíritos, somos criados para evoluir. E a evolução se faz com ensinamentos, muitas vezes, baseados em experiências de vida muito duras, as quais nos estimulam a dar sempre um passo a mais.

– Podemos crescer sem a dor. É possível, mas isso só acontecerá quando nossa consciência despertar, e tudo fizermos para abandonar as más tendências e nos fortalecer na fé no futuro. Tudo que é estranho para nós pode nos causar afastamento, e o que nos parece familiar causará em nós profícuas simpatias.

– Isso significa que na vida do espírito nada é permanente? – perguntou o companheiro Fernando.

– Permanente só é a consciência do bem, quando sedimentada no espírito. – complementou Dimas.

– Em matéria de evolução, tudo é passageiro. Este próprio abrigo que nos acolhe hoje não nos servirá amanhã, quando estivermos em estado mais avançado. Como as roupas de uma época que não são aceitas na moda de vanguarda, apesar de terem feito extremo sucesso no passado.

– Tudo é passageiro. Até ontem, carregávamos o peso do corpo. Hoje, aqui nesta colônia no Plano Espiritual, somos compostos de substâncias menos densas e, no futuro, teremos corpos bem mais sutis.

– É certo, meus amigos, que nada nem ninguém pode estacionar por longo período, sem encontrar provas que o desperte. Mas não podemos esquecer que é possível melhorar a cada dia.

– A busca verdadeira pelas virtudes deve sempre sobrepor os vícios presos no psiquismo milenar. Vamos aproveitar para buscar lições de amor, porque elas nos ensinam sem nos causar fadigas.

Nossa conversa seguiu tarde adentro e eu percebia que estava longe de alcançar o ideal, mas que deveria ir adiante sem medo e com muito amor, pois, mesmo sem entender muito, sou capaz de raciocinar sobre o que é bom para mim e isso já me dá muita felicidade.

Desencarnei e ganhei o mundo. Encontro-me a cada lição. E a Terra não deixou de ser o canteiro de obras, no qual posso construir o homem melhor que procuro em mim.

Novos conhecimentos

Quando deixei o corpo físico, não conhecia a Doutrina Espírita. Como já relatei, vim conhecê-la por estas paragens.

Hoje, sei que embora não a conhecesse na íntegra, sempre aceitei seus ensinos como filosofia de vida, pois tudo que realizei na Terra era para fazer valer a paz e o entendimento.

Graças a Deus não acumulei inimigos nem tampouco adversidades. Sendo assim, somente deixei amigos para trás. As informações do Espiritismo me ajudaram a organizar melhor as ideias e entender os porquês da existência. Instruído em uma religião conservadora, procurei seguir superficialmente seus ritos, pois minha mente, no fundo, negava as verdades expressas por lá, principalmente quanto à morte.

Acreditando no que ensinavam, só havia poucas saídas. O Céu para os justos, o Inferno para os pecadores e o Purgatório para os intermediários.

Eu nunca fui santo, também não carregava dívidas para com Deus, ao ponto de ir para o "fogo eterno". Portanto, o que me restava era o Purgatório. Mesmo assim, um lugar menos explicado que o Céu e o Inferno.

Quando eu estava em coma e recebi a informação de que iria desencarnar, logo imaginei um futuro bem peculiar ajustado às dúvidas de um jovem de 20 anos que tinha uma vida ligada aos estudos, ao lar, aos amigos, sem expressões vultosas no caráter.

Mas o que se estendeu diante de mim foi uma lindíssima cidade iluminada pelo Sol, decorada por flores naturais, construída por mãos humanas, ou seja, por outros seres desencarnados como eu.

E então tudo que me ensinaram na existência toda, enquanto estava encarnado, caiu por terra, e aceitar as conclusões de Allan Kardec não foi nada difícil, já que, "na realidade", eu estava convivendo com a imortalidade do espírito e a morte não havia me levado a lugar depressivo e lodoso.

Quando fiz uma das primeiras viagens à Terra, na companhia do Dimas, tive a curiosidade de saber o que realmente existia entre a colônia que nos abrigava e a crosta terrestre, e lhe perguntei:

– Dimas, o que há entre a nossa moradia e a Terra? Existem outras moradas além dos muros de nossa cidade?

– Naturalmente que sim. – respondeu, tranquilo. – Todo o Universo é habitado. Há vida por toda parte. Desde o Céu especificado pelos profetas, até as afirmações de Dante Alighieri na "Divina Comédia". O que o homem retrata na vida comum nem sempre é produto de sua imaginação.

– André Luiz, autor espiritual de uma série de livros psicografados por Chico Xavier, a começar por "*Nosso Lar*", fez nesta sua primeira obra uma descrição perfeita do chamado Umbral. Ele relatou a sua visão sobre a região onde permaneceu por mais de oito anos, após a morte física.

– Esta região alberga os espíritos que nada construíram para o progresso moral e, não tendo alcançado a humildade, o perdão e o amor, não estão aptos a conviver com os demais que alçaram voos às regiões mais elevadas do espírito.

– A maioria deles não reconhece que está em uma estação de tratamento, buscando a cura de dentro para fora. Eles acreditam-se injustiçados pela lei e ficam à espera de uma sentença "justa" que os devolva aos mesmos hábitos infelizes. – continuou explicando Dimas.

– São todos orgulhosos. Incapazes de se verem como realmente são. Assim como nós, convivem em sociedade, agrupando-se conforme a afinidade. Fazem suas próprias leis, ajustando-as às suas necessidades orgulhosas, mescladas na vaidade.

– Alimentam-se como podem. Serve-se de alcoólicos criados por eles, abusam da sensualidade sem reservas, assim como na Terra.

Estendendo sua explicação, Dimas continuou:

– Podem ser avarentos e mesquinhos, agressivos e mentirosos, soberbos e ignorantes, negativistas e depressivos, algozes e juízes. Sem ter leis organizadas, muitos reencarnam compulsoriamente, voltando à Terra sem registrar a vida fora da matéria. E serão os incrédulos e materialistas que tudo fazem para espalhar a descrença sobre o mundo.

– Mesmo assim, não podemos esquecer que são nossos irmãos a caminho da evolução interior. Ainda não despertaram para os sentimentos elevados, como narram os Evangelhos.

– Todos os dias, são visitados por seareiros de nossas colônias, a fim de que aceitem o auxílio que os despertem, mas a maioria se nega a seguir aquilo que não reconhece como verdade absoluta.

Certamente, o amor de Deus compreende a todos e sabe esperar o tempo de maturação de cada um.

– É bem complexo! – afirmei, tentando assimilar tantas informações.

– Mas é bom saber que mesmo lá não falta auxílio aos padecimentos humanos. Um dia, se for possível, gostaria de conhecê-los.

– Claro que sim, Gabriel. – falou o Mentor.

– Quando estiver apto a enfrentar a visão da dor causada pelo orgulho, pois fere muito mais fundo do que você imagina, e é capaz de afligir o espírito profundamente.

– Todos nós temos inúmeras experiências, onde provas e expiações testam nosso raciocínio e nosso coração, as quais nos são enviadas para que possamos superar nossas más tendências, adquiridas ao longo do caminho evolutivo. E, quando falhamos por vontade própria, por desinteresse e leviandade, temos de expurgar tais vícios, lavando nosso interior com o suor do arrependimento. Só assim teremos passagem para Planos mais elevados da vida espiritual.

– O dia, meu amigo, tem as mesmas 24 horas para todos. O tempo exerce sobre todos os mesmos poderes de transformação. Então não há como justificar os desvios causados pela falta de interesse e motivação. A igualdade, que as Leis de Deus nos dão, deve nos fazer crescer e não causar desavenças, que são filhas do orgulho. Mas, quando saímos do caminho redentor, não há outra forma de correção senão a convivência com seres do mesmo nível, porque, bebendo do mesmo fel, poderemos entender melhor os prejuízos que causamos aos outros.

Meu amigo Dimas continuou esclarecendo minhas dúvidas:

– O Umbral é subdividido em níveis de acordo com a pobreza moral de cada um, pois lá os espíritos se agrupam conforme suas afinidades. Orgulhosos procuram orgulhosos, egoístas seguem trilhas egoístas, criminosos da sombra encontrarão martírio junto de seus iguais. É a lei de atração e sintonia que funciona em toda obra de Deus.

– A oportunidade de vida na Terra nos é dada por Deus, a fim de buscarmos Seu amor junto com o bem que Ele concede a todos nós de forma idêntica, sem nenhuma distinção. Quem "sai dos trilhos", naturalmente, encontrará as tormentas e o descarrilamento da locomotiva da experiência humana. Mas devemos lembrar que tudo é questão de tempo. Assim que a consciência desperta e assume para si os próprios erros, recomeçará a jornada rumo ao Senhor da Vida.

Dimas falava com veemência, pois conhece bem os ensinamentos que nos transmite, visto ter trabalhado no socorro no Umbral durante muitos anos. Já eu, recém-chegado, mal conhecia os próprios direitos. Mas fiquei feliz em saber que aqueles conceitos que me foram ensinados enquanto estava encarnado na Terra não tinham nenhum fundamento. Afinal, somos todos seres imortais em evolução permanente. Gostaria de ter conhecido tais ensinamentos enquanto estava na Terra, pois com certeza teria entendido melhor aqueles que erram na ignorância.

amor ...

Primavera

Ao contrário da Terra, as salas de estudo na Colônia Fabiano de Cristo se formam em meio à natureza. Nossos estudos são passados sob a luz encantadora do Sol e da flora destes campos. Aqui, colhemos ensinamentos variados, que vão desde a Filosofia até a contemplação do reino verde que se estende sob nossos pés.

Nosso mundo, aqui, possui as mesmas estações da natureza terrena e a "nossa" Primavera encanta a qualquer um. Fica até difícil tirar a atenção da paisagem para enlaçar as letras das páginas esclarecedoras.

Extasiado pela beleza ímpar, interroguei o benfeitor:

– Dimas, por que é tão difícil para nossos irmãos da Terra aceitarem tal realidade?

– Porque estão presos aos hábitos visuais. – respondeu, me esclarecendo.

– Não desejam ir além daquilo que lhes é palpável.

– Acostumaram-se a viver uma única realidade. Para nós, a vida é tridimensional. Temos outros ângulos de observação.

– Observe esta flor. – disse, apontando um lírio azulado.

– Ao nosso olhar despreocupado, não passa de belíssimo

exemplar de nossa flora ambiente, mas, se observarmos a fundo, iremos notar que encerra em si um mundo à parte.

– Seu caule, protegido pelas folhagens, busca as raízes para receber o alimento, e as raízes por sua vez trabalham anônimas no sulco do solo, colhendo elementos e transformando-os em nutrientes, sem esquecer o processo da fotossíntese que assume papel fundamental na nutrição vegetal. Com todo este trabalho, esta planta garante proteção ao solo.

– Suas folhas que secam retornam ao campo, decompondo-se e servindo de repasto às criaturas dos reinos subterrâneos. E, na sutileza de seu cálice, borboletas, abelhas e pássaros gozam da fragrância bendita do pólen.

– Vê, Gabriel, que até uma simples flor nos dá exemplos de trabalho e disciplina, e Jesus usou esta metáfora em Seu Evangelho quando afirmou que *"nem Salomão, em toda a sua glória, jamais se vestiu como uma delas"*.

– Aprendemos a observar a vida eterna de vários pontos. Do material, o mais aparente e grosseiro que surge diante dos olhos, o qual sempre é perecível. Do espiritual, que se desenvolve na moralidade e intelectualidade, buscando aproximação com o reino de Deus. E o mental, que se faz veículo de manifestação da essência divina que somos nós na íntegra, ou seja, a consciência adiantada.

– Sem conhecer tais realidades, é bem difícil reconhecer uma irmandade na vida comum. Aquele que busca as satisfações físicas enxerga unicamente pelos poros dos sentidos brutalizados.

– Os que pretendem encontrar uma condição mais espiritualizada vinculam-se aos sentidos mais apurados do ser imortal e, consequentemente, passam a visualizar a condição da própria consciência, fazendo jus a esses ensinamentos.

– Meu amigo, lutamos todos os instantes para manter os olhos bem abertos, vigiando o tempo todo, pois nunca saberemos quando a queda nos aguarda.

– Por trás de uma resposta menos digna ou de um comentário pouco feliz, todos nós que aqui trafegamos nos candidatamos nesta escola há muitos séculos, desde quando passamos a nos interessar pelo bem de nossos irmãos de jornada humana. O homem encarnado ou desencarnado jamais conseguirá enxergar a luz da verdade, se não estiver disposto a encará-la.

– Um simples passo demanda esforço e sacrifício pessoal, e os orgulhosos do saber e os egoístas da ociosidade não se entregam ao suplício de si mesmos em favor de um mundo melhor para todos.

– E os espíritas aceitam essas visualizações com naturalidade? – perguntei, interessado.

– Alguns, sim. Outros, não. – respondeu o amigo.

– A condição de espírita ou espiritualista não garante aceitação das verdades eternas, visto que o Espiritismo é também escola e luta para transferir suas lições entre seus adeptos.

– Sei, Gabriel, que tem laços bem tênues com agrupamentos espíritas, assim como eu, mas verá que muitos ainda estão nas casas espíritas buscando mais para si do que para os outros. E a lei aqui é a do amor ao próximo e não do amor a si.

– Conhecimento sem experimentação é água parada na fonte e sede ao seu redor. Não basta conhecer os ensinamentos espíritas. É necessário senti-los nas veias, no coração.

– Temos visto muitos adeptos da Doutrina chegarem aqui renegando tudo que os rodeia, como se nunca tivessem ouvido falar de vida extracorpórea, e dão trabalho para se adaptar.

– Até mesmo a reencarnação encontra obstáculos nas fileiras dos espíritas que pouco estudam. Eles acreditam que a reencarnação exista, mas nunca pararam para refletir sobre isto.

– Como disse Jesus: *"É preciso ter olhos de ver e ouvidos de ouvir"*. Aqui, meu amigo, é exatamente a sequência da existência que dispúnhamos antes. Por que então teria de ser diferente?

– Ninguém pode mudar sem esforço próprio. Então por que a desencarnação daria o privilégio aos seus eleitos?

– No Plano Espiritual, somos os mesmos de antes, mas, com boa vontade, estamos caminhando rumo ao próprio conhecimento interior. Se observamos a natureza por um ângulo mais elevado, é porque o nosso conceito de valorização das coisas já evoluiu e alcança o patamar dos valores divinos.

– Na Terra, existem muitas almas dedicadas à caridade doando ao meio ambiente valorosa parcela de seus cuidados, aprendendo a valorizar a riqueza de uma rosa e o canto de um pássaro.

– São irmãos que, mesmo com os pés na Terra, já trafegam mentalmente por aqui, e, se observarmos, os encontramos durante o desprendimento natural do sono físico.

– O que podemos extrair dessas belezas inenarráveis? – perguntei para finalizar a conversa.

– Não há extração maior do que admirar a criação do Pai e senti-Lo entre nós. Não comercializamos as flores. Tampouco as colhemos para levá-las para casa. Tudo que recebemos delas é a fragrância de seus aromas. Fabricamos remédios sem precisar destruí-las.

– A vida é de Deus, Gabriel. Nós somos parte dela e parte de Deus. Nossos medos não encontrarão razão justa. Ele é nosso Pai e nada deixa faltar ao nosso crescimento. É preciso apenas amar para conviver em Seu elo de amor incondicional. Sei que é bem difícil, mas não é impossível.

– É no hausto do Senhor que somos gerados. Tudo aqui é vida e amor. Basta que olhemos com confiança e fé. A morte não existe, mas a transferência de um Plano para o outro é real, e a sabedoria Divina sabe nos acolher e acalentar nossas dores nascidas no orgulho e no egoísmo.

Fiquei feliz com a resposta do mentor. Eu não saberia definir a primavera como um sopro de Deus nos campos do nosso crescimento, como um Oásis refrescando o calor das duras provas.

O Senhor enfeita os nossos caminhos para tornar nossas dores menos agressivas, mas nós nos prendemos a elas e não colhemos a fragrância da paz que nasce nos momentos de reflexão, nos campos primários da vida.

Quanta sabedoria, meu Deus. Quanto amor. Confesso que estou emocionado e cada vez mais acredito que realmente devo escrever, pois não posso reter tais belezas ao círculo da minha retina espiritual.

Não deixei de correr por entre as flores e, ao fechar os olhos, imaginei meus pais e meu irmão correndo aqui ao meu lado.

O que, com certeza, acontecerá um dia. Lá no futuro... Quando Deus quiser.

eternidade...

Sintonia

Os estudos seguem sem interrupção. Lições apontam à minha frente exigindo-me esforço redobrado. Por aqui, onde a consciência governa tudo, não temos o juiz da ociosidade que, muitas vezes, determina nossa falência diante do progresso.

Além das anotações que faço para enviar à Terra, estudo tudo que posso sobre mediunidade. Meu instrutor Dimas é versado neste assunto e sempre que temos oportunidade ele me transmite lições edificantes.

Acompanhei-o em um trabalho na crosta da Terra, especificamente numa casa espírita, onde tive a oportunidade de observar uma sessão mediúnica. Trata-se de um trabalho de socorro a companheiros deste plano, que faliram em suas existências corpóreas.

Tais irmãos trafegam entre a dor e a descrença, e encontram ouvidos e amor nestas sessões. Chamou-me a atenção um jovem aparentando uns 20 anos. Seus olhos esbugalhados e a face entristecida demonstravam sua difícil situação.

Quando se aproximou do médium que o atenderia, transmitindo sua mensagem, esboçou largo sorriso, deixando-me sem entender nada. Buscou rapidamente a boca do médium e, como se a beijasse, mantinha-se ligado a ela.

Os companheiros responsáveis pela tarefa logo intercederam, afastando-o depressa e dizendo:

– Já conversamos sobre isso. – falou, com firmeza.

– Você prometeu se comportar.

– Sabe que a sua atuação por aqui é a de receber o auxílio dos irmãos através do campo mediúnico. Nada de querer absorver-lhe o ectoplasma[23] para continuar se enganando como antes. Procure se equilibrar, se quiser participar deste "banquete de luz".

O rapaz soltou o médium rapidamente e disse:

– Desculpe-me, não resisti. Parecia-me um manancial de forças revitalizantes. Isto é ouro na região onde vivo hoje.

– Sabemos disso, mas este não é o nosso objetivo. Peço que retome seu lugar e faça tudo que planejamos para colher resultados positivos.

Cabisbaixo, sentou-se ao lado do medianeiro e, ao impulso dos trabalhadores, ligou-se ao tarefeiro[24]. Vi sair da boca do médium palavras de tristeza, angústia, medo e descrença, como se para ele tudo não passasse de uma busca sem fim. Dimas se aproximou de mim e disse:

– Gabriel, não se preocupe com ele, justamente agora que aceitou o auxílio da prece e do amor. Nosso irmão perambulou por mais de dez anos pelas sombras do próprio egoísmo, exigindo

---

23 **Ectoplasma:** [do grego e do latim, respectivamente: *ektós* = fora, exterior + *plasma* = criatura] 1. Biologia: parte periférica do citoplasma. 2. Parapsicologia: designa a substância visível que emana do corpo de certos médiuns. 3. Substância que se acredita seja a força nervosa e que tem propriedades químicas semelhantes às do corpo físico, donde provém. Apresenta-se viscosa, esbranquiçada, quase transparente, com reflexos leitosos, sendo evanescente sob a luz. É considerada a base dos efeitos mediúnicos chamados físicos (levitação, materialização, etc.), pois através dela os Espíritos podem atuar sobre a matéria.

24 **Tarefeiro:** médium/medianeiro.

para si o que não havia conquistado com seu trabalho. Desencarnou vitimado por acidente automobilístico. Ficou numa colônia no período de convalescença, mas logo que despertou não quis mais seguir as normas da instituição. Negou-se a ouvir os apelos do coração de sua avozinha materna e embrenhou-se Umbral afora.

– Desde essa época, passou a conviver com um grupo de alucinados e aprendeu os mecanismos da vampirização[25], tragando os fluidos corpóreos e ectoplasmáticos dos encarnados, o que lhe garante vitalidade. Com sua força mental, anulou os apelos da própria consciência, mas, graças ao grande esforço de sua matrona, rendeu-se aos seus apelos.

– Uma pergunta, Dimas... – falei, rapidamente. – Como ele conseguiu envolver-se com o medianeiro assim tão rápido a ponto de estabelecer a vampirização?

– É muito simples. Ele já está acostumado com este tipo de abordagem e a recepção do médium também foi rápida, criando uma sintonia entre eles. Se prosseguir por um período maior, conseguirá introduzir suas ideias na mente do tarefeiro, que as receberá como se fossem pensamentos dele próprio. Isto ocorre porque não se trata de uma obsessão propriamente dita, mas sim de uma sintonia, na qual o medianeiro, sem consciência do que lhe acontece, abre as portas de seu mundo íntimo. Então ambos passam a viver num estado de simbiose[26] absoluta.

– Mas se o médium se mantiver ligado ao real sentido da

---

25 **Vampirização:** [do húngaro *vampir* e do francês *vampire* + *-iza*(r) + *-ção*] Ato ou efeito de vampirizar, ou seja, de absorver fluidos vitais de outros Espíritos encarnados ou desencarnados.

26 **Simbiose:** [do grego *symbíosis*] 1. Vida em comum com outro(s). 2. Associação e entendimento íntimo entre duas pessoas. 3. Ligação de imantação e permuta fluídica entre Espíritos, encarnados e/ou desencarnados.

tarefa que desempenha, sua mente, adestrada no bem de todos, estará superior à do seu "inquilino", impedindo que isso aconteça.

– A sintonia é assunto de estudos mais apurados, pois ela pode nascer de um instante para o outro, como também pode ser cultivada no trato diário. Muitas vezes, para que se efetue a ligação entre espírito e médium, a espiritualidade os reencarna juntos, a fim de que desenvolvam entre si o amor e o respeito.

– Isso também acontece comigo e o médium que recebe minhas mensagens?

– Claro que sim! De outra forma, jamais haveria um contato expressivo entre ambos. Sua ligação com ele nasceu há muitos séculos.

– Ainda é bem cedo para que possa lembrar-se de tudo, mas o futuro lhe revelará o que guarda em sua memória espiritual. Para que um bom trabalho seja realizado na tarefa consoladora da mediunidade, é necessária muita sintonia, nascida na semelhança das ideias e no amor com que se transmitem.

– Falo aqui da mediunidade. Mas em qualquer outra tarefa na qual as pessoas trabalhem dependendo umas das outras, se não houver sintonia, os resultados não aparecem.

O trabalho seguiu sem que ocorrências estranhas acontecessem. O jovem recebeu o auxílio de sua avó. Aceitou seguir novamente com ela e partiram rumo à colônia onde ela mora.

Vi, em seguida, o médium bocejar escancaradamente, como se desprendesse forças que não lhe pertencessem. Mais tarde, fiquei sabendo que eram as emanações do irmão socorrido que ficaram impregnadas no corpo espiritual do tarefeiro.

Pensei em meu trabalho através da mediunidade, na transmissão de minhas mensagens, de fatos que jamais passaram pela minha cabeça, pelo menos consciente enquanto reencarnado, ou seja, de meus estudos através das mãos de outro ser, o médium.

E hoje, um ano após o início do primeiro livro, tudo para mim é bem natural.

O médium colhe minhas ideias como se fosse eu, sem medo. Às vezes, seu pensamento divaga e segue para outros lugares, mas logo retorna para que, juntos, possamos dar o melhor de nós. Se eu estiver triste, ele capta minhas sensações. Se ele está com dificuldades, eu as sinto em meu coração. Parecemos gêmeos siameses, mas, graças a Deus, temos nos dado muito bem, e o resultado do nosso trabalho será avaliado por aqueles que lerem nossas anotações.

Qualquer tarefa exige sacrifício e amor. Sem essas duas ferramentas, tudo não passará de mera ilusão dos sentidos. Aqui, "deste lado", tudo se baseia na lei de atração caminhando no veículo das ideias.

Acoplar um pensamento alheio é bem mais comum do que se imagina. O que garante segurança é o conhecimento de si mesmo, pois, assim, rapidamente saberemos identificar o que é nosso daquilo que nos é inspirado.

amor ...

Tarefas na Casa Espírita

Mais experiente do que eu, Alexander, que desencarnou antes de mim, faz parte da direção de uma Casa Espírita e, nas várias vezes em que nos falamos, ele sempre exaltou a necessidade do estudo nos centros espíritas e a boa condução das tarefas que envolvem o público espírita.

Em um de nossos encontros para a tarefa de psicografia, ele me disse o seguinte, após os cumprimentos habituais:

– É sempre uma grande alegria recebê-los por aqui! – falou se referindo a mim e ao Dimas, que também vem para trabalhar na equipe do médium.

– Nesta tarde, o público se aglomera na expectativa de uma mensagem psicografada, e no nosso Plano não é diferente. Vejam quantos já estão por aqui desde cedo.

Realmente o público era grande, assim como a fila que se formava "deste lado". Todos passavam por uma triagem feita por nossos tarefeiros responsáveis pelo rendimento e eficácia do trabalho. E, no ambiente terreno, algumas pessoas já chegavam, trazendo o coração em frangalhos, na expectativa de receber uma carta do ente querido que tinha partido para o Além.

Eu quis saber um pouco mais e perguntei, após ver uma

sala repleta de singular iluminação:

– Alexander, meu irmão, que sala é esta cheia de luzes coloridas?

– É a sala de passes. – respondeu, sem hesitar. Está adequadamente preparada para socorrer os necessitados do corpo e da alma. As luzes que observa são fluidos sutilíssimos, capazes de beneficiar os irmãos que passarem pelo passe.

– Toda esta sala é higienizada, esterilizada a fim de atingir o melhor resultado, no que se refere ao auxílio de nossa parte. Aparelhos são minuciosamente averiguados para que nada dê errado. São produzidos por nossa mente.

– Alguns nascem em máquinas quase perfeitas de "nossa esfera"[27], as quais criam elementos capazes de transferir fluidos importantes, assim como o remédio em gotas ou drágeas na Terra. Esta câmara deve ser mantida como um centro cirúrgico, evitando-se dentro dela até mesmo comentários menos felizes.

Em casas espíritas com ambientes reduzidos, é natural que a câmara de passes seja usada para outros fins também. Por este motivo, os cuidados devem ser redobrados e a conscientização entre os participantes deve ser uniforme.

– A câmara de passes, – explicou Dimas –, é o bendito cadinho onde o amor e a fé devem atingir os mais altos graus de exteriorização, de modo que transferências afetuosas devem ser repassadas através da mente, do coração, da boa conduta disciplinar e da alegria. Sem esquecer, é claro, que toda casa espírita é reduto das responsabilidades amorosas.

– E quanto à água fluidificada[28]? – perguntei para enri-

---

27 **Nossa esfera:** nosso mundo, neste caso, o Mundo Espiritual.

28 **Água fluidificada:** é a água magnetizada, impregnada de fluidos benfazejos, fortificantes ou terapêuticos.

quecer minhas anotações.

– Também obedece aos mesmos cuidados. A água fluidificada ou magnetizada leva em sua estrutura elementos curativos condensados, a fim de completar os efeitos do passe. A água, combinada com forças amorosas, sofre uma mudança em suas moléculas, que atingem elétrons, prótons e nêutrons, criando o salto quântico. Assim, tendo sua estrutura primária modificada, poderá interferir em campos moleculares do corpo físico, produzindo a cura até mesmo no corpo perispiritual.

– As forças subatômicas aprisionadas na intimidade molecular, principalmente no núcleo, ao serem extraídas e direcionadas por disciplinas experimentadas, efetuam importante papel no campo da cura orgânica e espiritual.

– É pena que muitos irmãos que buscam a casa espírita não se dão conta disso e negligenciam os valores da água magnetizada, tomando-a sem sequer refletir, pois a reflexão auxilia numa melhor absorção, e bebendo-a sem a devida consciência da importância de sua ação, ela se manterá apenas na função de matar a sede.

– Não sabia que a água fluidificada possui características tão importantes! – falei, interessado.

– Há muito que se pensar... – acrescentou o benfeitor Dimas.

– A água é um veículo de muitas forças benditas, mas o homem ainda está longe de aceitá-la com os atributos elevados que ela possui, e a desperdiça sem nenhum escrúpulo, gerando para si mesmo carmas futuros.

Quis saber mais sobre os trabalhos na casa espírita, e perguntei mais uma vez:

– Irmão Alexander, qual é a sua tarefa específica aqui?

– Trabalho na equipe de apoio. Na verdade, estou neste

Plano há pouco tempo. Antes eu já conhecia a Doutrina Espírita, frequentava a casa espírita. Minha mãe é a diretora do centro, o que não me dá nenhum privilégio, pois, por aqui, isso não ocorre.

– Os laços do coração, antes de tudo, são moldados na disciplina. As experiências que tive na Terra me conferiram crescimento. Então pedi aos amigos que me permitissem trabalhar na causa que aprendi a amar, a causa do amor do Cristo. E aqui estou.

– Uma casa espírita requer muitos cuidados, desde a parte física até os contornos deste Plano. O centro espírita é um hospital que tem em seus tratamentos a reeducação do espírito como remédio salutar. Por isso, todo cuidado na administração é pouco. Sem esquecer os inimigos da causa, os opositores do Cristo, que não nos dão tréguas.

– Uma vez ou outra, um trabalhador físico da casa é atingido, e então manifesta-se o melindre, desequilibrando a estruturação do ambiente, trazendo para o recinto fluidos venenosos que nos dão bastante trabalho, até que se retorne ao equilíbrio ou até mesmo ocorra o afastamento definitivo do médium afetado espiritualmente.

– Sem contar as inúmeras ideias que surgem toda semana, fomentando mudanças desnecessárias, ou a criação de novas tarefas que requisitarão o tempo das que já existem, fazendo com que nem uma nem outra obtenha os resultados esperados.

– A disputa por cargos, a falta de preparo para se expressar em público, o pouco estudo, as viciações mentais, a ociosidade e o personalismo somados, são bastante trabalhosos para nós. Precisamos estar sempre atentos para que nada fuja ao controle que o bem oferece.

– Também participo do Grupo Mocidade Espírita Irmão

Alexander, criado em minha homenagem com o objetivo de incentivar jovens a estudar a Doutrina Espírita.

– O uso do meu nome confere originalidade ao trabalho, visto que a dor desperta interesse, e como minha partida marcou o cenário familiar, digo e transfiro essa homenagem ao afetuoso coração de minha mãe que, incansavelmente, continua à frente desta casa.

– Neste grupo, os jovens estudam o Espiritismo sob um ponto de vista bem apropriado à idade deles. O trabalho tem crescido e cumprido seu papel no progresso humano.

– Eu sou o patrono deste trabalho, mas participo discretamente, auxiliando no que posso, sem deixar de aprender.

– Sou muito feliz por aqui. A desencarnação doou-me grande felicidade. Eu já era feliz antes, mas aqui, com o trabalho, me sinto mais completo. A oportunidade que estou tendo é muito importante para o meu desenvolvimento enquanto espírito imortal.

– Gostaria que nos contasse, se for possível, sobre os atendimentos que esta casa oferece no grupo chamado Samaritanos. – eu lhe pedi, gentilmente.

– Ah, sim! Os Samaritanos compõem o grupo de tarefeiros que vão aos lares atender irmãos em necessidade. Falam do Evangelho do Cristo, ministram passes, dialogam com os companheiros da dor. É uma tarefa semelhante a que se faz na Casa Espírita, só que fora dela.

– Do nosso Plano, partem inúmeros componentes desta equipe, redobrando o auxílio aos enfermos do corpo e socorrendo os espíritos que estão perdidos ou ligados aos entes amados, que são assistidos. É um mutirão do bem.

– Geralmente, em média, mais de 50 irmãos são socorridos num único dia. É um trabalho de amor ao próximo. Os que participam desta tarefa doam muito mais do que seu tempo e seus fluidos. Doam seu amor crescente, além de permanecerem conectados com irmãos mais elevados deste Plano, recebendo assim também o mesmo auxílio. Não podemos nos esquecer da tarefa da sopa, que socorre centenas de estômagos vazios.

– Tudo isso relembra os primeiros seguidores do Cristo, que incansavelmente viajaram pelas ruelas da Galileia levando auxílio aos necessitados.

– Sinto-me gratificado com toda essa oportunidade de serviço útil e me entrego cada vez mais nas mãos do Senhor.

Nossa conversa se estendeu tarde adentro, e depois pude extrair conclusões benditas.

De volta à Colônia, perguntei ao meu benfeitor espiritual:

– Dimas, com todas essas tarefas, você acredita que os espíritos das trevas possam penetrar os núcleos espíritas de forma ostensiva, criando empecilhos significantes?

– Infelizmente, podem. – respondeu o mentor.

– O ser humano é um gerador de ideias. Tanto as gera, como as transmite. Os desencarnados que não se interessam pelo bem, quando não conseguem adentrar à Casa Espírita, estudam a vida dos seus frequentadores, até encontrarem uma brecha para implantar suas ideias, fazendo com que atinjam seu objetivo. Isso é comum.

– Mas, para sua melhor informação, Gabriel, há um livro que se chama *Aconteceu na Casa Espírita*, ditado pelo Espírito Nora e psicografado por Emanuel Cristiano, que retrata com detalhes este caso. Apesar disso, nada tira de cada um a responsabilidade de se manter conectado com o bem e o amor ao próximo, anulando tais recursos do mal.

As explicações eram perfeitas e eu aprendia muito. Dimas seguiu para suas tarefas e eu fiquei pensando sobre como seria importante se as pessoas que trabalham nessas casas pudessem reconhecer o amparo que recebem. Eu mesmo já presenciei trabalhadores infelizes, tristes, parecendo máquinas, movimentando mãos sem exercitar o coração e a mente.

Sem pestanejar, fui à biblioteca da Colônia a fim de encontrar o tal livro. Nossa biblioteca só possui exemplares de livros que atinjam os padrões de evolução, que realmente tragam reconforto, informação e crescimento. E lá estava ele. Peguei-o e mergulhei nos estudos sem reclamar, como fazia na Terra diante das lições escolares.

eternidade...

Um banho não resolve o problema da higiene no mundo

Como de hábito, neste último ano, assim que obtive autorização para viajar à Terra, me candidatei às tarefas de auxílio de uma Casa Espírita onde meus pais trabalham, buscando crescer através do amor ao próximo.

Nesta casa também trabalha um amigo nosso, o irmão 'Paulinho', que chegou por aqui antes de mim, mas tão logo se recuperou e recobrou a consciência, também se candidatou ao trabalho no bem.

Eu o conheci aqui na Colônia, mas como é muita gente, nem sempre eu podia falar com ele. Mas, na primeira oportunidade que tivemos de conversar por tempo longo, descobrimos que nossos pais trabalhavam juntos na causa do bem de todos.

A partir daí, nossa amizade só cresceu e, todos os sábados pela manhã, nosso compromisso é com essa Casa, que nos oferece reconforto ao coração e alívio aos irmãos abandonados, carentes de amor e carinho.

Uma deliciosa sopa é produzida e entregue num bairro específico, onde rostos risonhos esperam religiosamente o caldo reconfortante.

Neste dia chegamos mais cedo. Somente a amiga cozinheira estava na Casa e, do lado de fora, irmãos necessitados, do nosso Plano, aguardavam para serem atendidos. São moradores daquela redondeza que não se deram conta da própria desencarnação. Ali vêm para tomar passes e ouvir o Evangelho do Cristo.

Sei que os leitores vão se perguntar:

– Se estão ali recebendo tudo isso, então por que não conseguem enxergar a própria situação espiritual?

Fiz esta pergunta para o Paulinho, quando vim pela primeira vez na Casa, e ele me respondeu:

– Interessante, Gabriel! Assim como você, eu fiz esta mesma pergunta ao Dimas, quando vim aqui, e ouvi dele que estes irmãos são enfermos do espírito. Seus olhos estão cegos para a própria realidade.

– A informação quanto à continuidade da vida após a morte física ainda está longe de ser uma realidade. Tudo que veem é o que suas consciências ignorantes podem lhes mostrar por agora.

– Todo sábado é assim, eles estão debilitados. Acredito que durante a semana eles buscam alimento espiritual em outras Casas como esta, que realiza atividades nos dois planos da vida.

– E não podemos informá-los para que despertem logo? – inquiri, demonstrando minha inexperiência.

– Não. – respondeu Paulinho.

– A lei aqui é a paciência. Cada um desperta por si, sem ser pressionado ou influenciado. O que podemos fazer, e fazemos, é falar de Jesus, e isto lentamente vai saneando suas mentes.

– Já tivemos vários que pediram para ser internados e, nesta oportunidade, foram enviados para Colônias de tratamento.

– Paulinho, – falei –, você crê que os trabalhadores encarnados, nossos pais, fazem ideia de tudo que acontece por aqui, nesta sequência de vida tão semelhante?

– Alguns até suspeitam que haja algo nesse sentido aqui, mas não podem ainda gozar da realidade que visualizamos. De certo modo, estão fazendo algo por nossos irmãos encarnados que, como estes do nosso Plano, também trafegam pela dor. Na realidade, o amor não deixa de ser exercitado.

Nesse instante, chegou o benfeitor Dimas, nosso fiel escudeiro, e sorrindo nos disse:

– Bom dia, meus amigos. Vejo que madrugaram. Estão aproveitando a lição mais segura que conduz o homem a Deus? A ação bendita do amor ao próximo? Esses flagelados que buscam alimento espiritual aqui são nossos irmãos na consanguinidade de Deus, no éter da vida eterna.

– Todo cuidado dispensado a eles será moeda no cofre da Justiça Divina, que se multiplica na moeda do merecimento. Há muito mais do que ação social por aqui. Há, em suma, uma concentração de fluidos benéficos reunidos pelos corações redimidos no bem.

As palavras do amigo abriam ainda mais nossos sentidos espirituais e, na Casa dos dois Planos, observamos uma chuva de pequeninas luzes, que permaneciam invisíveis para os auxiliados deste plano e para os tarefeiros encarnados que, céleres e alegres, mantinham-se ocupados no labor da sopa, que inundava nossas percepções com seu aroma delicioso.

Após o atendimento dos irmãos na Casa, seguimos com os tarefeiros dando sustentação para a entrega da sopa aos encarnados nos pontos demarcados.

Nosso papel ali, acompanhados pelo Dimas, era simplesmente dar a sustentação enquanto os tarefeiros da Casa Espírita serviam a sopa. Permanecíamos discretos, perante os irmãos desencarnados em situação lastimável, às vezes, até agressivos, quando uma jovem senhora, prostrou-se diante de nós e, de joelhos, falava, quase sem forças:

– Pelo amor de Deus, me socorram. Não aguento mais esta vida! – dizia ela aflita.

– Querem me possuir o tempo todo, são viciados do sexo, querem arrancar de mim o último suspiro. Quero ficar feia, minha beleza os atrai. Errei muito quando me iniciei nesta situação de prostituição. Ajudem-me, por Deus.

Fiquei espantado, pois só conseguia ver nela os traços deformados de uma figura feminina em desalinho e completo desequilíbrio, mas Dimas interrompeu meus pensamentos de pronto e nos disse:

– O que ela diz é sua própria visão interior, é o que ela acredita ser. Há tempos deixou a beleza física. Quando encarnada, a AIDS tirou-lhe a vida orgânica, e agora segue sem descanso, servindo de divertimento aos desequilibrados do sexo que ela própria perverteu.

– É a Lei de Ação e Reação! Mas vamos aproveitar seu pedido de ajuda para levá-la conosco a uma estação de tratamento. Nossos amigos samaritanos estão aqui por perto e a socorrerão imediatamente.

Em instantes, duas mulheres com olhares angelicais surgiram, trazendo consigo um carrinho semelhante a uma maca com rodas. Ela, sem reclamar, se deitou e foi levada para uma enfermaria.

– Eu já vi pessoas dizerem que é bobagem ficar dando sopa

uma vez por semana e se perguntando: "E o restante dos dias, como ficarão?" Creio que essas pessoas nunca pensaram no quadro que observamos agora. – disse Paulinho.

– Um dia, – disse Dimas –, esta pergunta foi feita a Chico Xavier e ele, o grande médium do bem, respondeu que *"um banho também não resolve os problemas da higiene no mundo, mas nem por isso devemos deixar de tomá-lo"*.

– Se cada um fizer a sua parte, ao fim de cada período, tudo estará melhor. Muitas vezes, movidos pela ignorância, muitos homens dizem palavras duras, para se arrependerem mais tarde.

Vi aquela mulher ser socorrida e senti um alívio em meu coração, pois, de outras vezes, não pudemos oferecer o tratamento adequado, porque o arrependimento ainda não era verdadeiro. Era necessário que a irmã passasse por um período maior na escola da dor, a fim de se arrepender realmente.

Seguimos em frente perambulando entre inúmeros irmãos desorientados e lá adiante vi uma aglomeração de encarnados. Quando nos aproximamos, vi que lá no meio estava meu pai. Aquela cena me marcou muito, a ponto de precisar do apoio de Dimas, para me recompor e continuar. Vi meu amado pai entre lágrimas, que morriam no olhar, doar minhas roupas para os irmãos assistidos.

A emoção foi muito grande. Abracei-o e agradeci por aquela oportunidade bendita de conhecer a felicidade. Vi irmãos saírem sorrindo com aquela roupa "nova" na mão, pois muitos vivem de doações. Foi uma festa espiritual. No peito de meu pai vi formar-se azulado facho de luz que envolvia seu coração, sustentando suas emoções. Em sua mente, lembranças da minha infância e adolescência.

Dimas amparou-nos com amor e tudo acabou bem.

De volta para a Colônia, entreguei-me à oração, agradecendo a Deus por tantas lições de afeto que me educavam o espírito. Ali, naquele trabalho tão singelo, existiam energias tão sublimes, capazes de nos transformar por dentro. Eu estava muito feliz, pois não haveria outra forma de externar as alegrias que me sustentavam o espírito.

Eu percebia que cada vez mais tudo aquilo adentrava meu coração de modo a nunca mais sair.

Assim, todos os sábados, vamos para lá trabalhar em nome de Deus.

Enfermaria de Deus

Na Terra não seriam mais que seis da manhã. Ansioso, eu esperava meu instrutor à porta do hospital, onde ele me mostraria o trabalho realizado pelos inúmeros tarefeiros da nossa Colônia. Também iríamos observar os recém-chegados do planeta, ou seja, da dimensão em que eu morava antes, mesmo porque, o planeta é o mesmo, só estou a alguns metros acima, numa outra dimensão.

A recepção da instituição era decorada por belíssima pintura do nobre companheiro dos pobres, Dr. Bezerra de Menezes. Estampado em seu rosto, largo sorriso e, ao fundo, Maria, a Mãe de Jesus. Só por estas telas e a impressão que recebi delas, já valeu a visita.

Fiquei ali esperando por cerca de meia hora, até que a porta de entrada se abriu e Dimas entrou sorrindo, como sempre, e acompanhado por mais dois amigos, Matheus e Paulinho. Como de hábito nos cumprimentamos e, depois, o mentor amigo falou:

– Como havíamos conversado antes, esta aqui é a enfermaria onde são tratados os casos mais críticos dos que haviam chegado há pouco tempo.

– O silêncio deve ser preservado nas câmaras internas, a

fim de que não perturbemos o recinto. Tivemos a permissão para estudar, mas sem incomodar.

– Durante muitos anos trabalhei por aqui. Este lugar foi e sempre será uma grande escola para os ensinos do coração. Devo muito a este abençoado local. Mas, vamos, temos duas horas para estudar. A disciplina é fundamental para o bom êxito do trabalho.

Entramos, e logo estávamos entre os inúmeros corredores que formam as alas, à semelhança de uma colmeia silenciosa. Tarefeiros transitavam céleres e bem-humorados. As paredes azuladas transmitiam profunda paz. Suave melodia soava em tom ambiente. Vasos com flores lindíssimas ornamentavam o pé das colunas que sustentavam o andar superior, pois o prédio possui dez pisos. E, na cobertura, delicado jardim foi improvisado, causando uma sensação de bem-estar.

Com tantas coisas para observar, ficávamos encantados, mas Dimas quebrou o silêncio:

– Venham por aqui. Agora visitaremos a enfermaria, onde os irmãos são recepcionados. Vamos deixar claro que neste local chegam aqueles que têm seus corpos físicos machucados de modo que tenha atingido o corpo perispiritual. Peço aos irmãos que guardem suas impressões intimamente, sem esboçar cara de espanto diante do quadro que os aguarda. Temos de nos lembrar de que são nossos irmãos em Cristo.

No quarto havia uma só cama, parecida com uma maca, e estendido sobre ela estava um jovem, que chegou ali há poucas horas. Era possível ver em seu rosto as marcas de sutura; pontos estavam espalhados por todo o corpo. Ele estava anestesiado. Quando Dimas ergueu o lençol que o encobria, pudemos ver com clareza a precária condição em que ele se encontrava.

– Que aconteceu com ele? – falou Paulinho, rompendo o silêncio. – Está morto?

– Sim, seu corpo material não "funciona" mais. – respondeu o benfeitor.

–No entanto, aqui neste Plano, ele somente dorme, amparado por fluidos que o sedam. Nosso irmão foi trazido para cá após traumática colisão automobilística. Desencarnou na hora, os sinais, que veem no corpo dele são os da reconstrução do corpo espiritual. Daqui a pouco vão desaparecer.

– Por que ele veio para cá com esta aparência? – perguntou Matheus. – Afinal, não foi seu corpo físico que sofreu o trauma?

– Isso mesmo. – explicou Dimas. – Em muitos casos desse gênero, os irmãos chegam aqui sem lesões aparentes, mas no caso deste nosso companheiro há alguns agravantes. Primeiro, foi imprudente no trânsito; segundo, com o pouco conhecimento e aceitação que não tem, sua própria consciência trouxe para fora aquilo que sente por dentro. Nós o estamos vendo como ele se sente intimamente.

– Achei que o corpo espiritual se curasse com maior facilidade. – comentei.

– Vejamos, Gabriel… – falou o mentor.

– Por que você se alimenta aqui, se não possui mais o corpo material? E suas necessidades, como se manifestam? Tanto aqui como lá, tudo é questão de mentalização.

– Nossa mente sempre vai buscar aquilo que possa melhor representar nossas emoções. Um "corpo" lesionado necessita de remédio, de sutura para se recompor. Nesta dimensão, não há passes de mágica, as coisas não acontecem assim, como muitos da Terra e daqui imaginam. Para que haja ordem, é necessário equilíbrio, e para que o equilíbrio aconteça, obedece a leis que o mantém em sintonia com o todo.

– É preciso recompor os corpos com sutura, juntar as partes onde houver grandes cortes e fraturas. Exímios trabalhadores exercitam técnicas que adiante beneficiarão nossa morada anterior, e até mesmo existem alguns médicos bem-intencionados em desdobramento, cumprindo grandes tarefas de amor ao próximo, exercendo por aqui tarefas grandiosas.

– Eles sentem dor? – perguntou Paulinho.

– Assim como nós. – respondeu Dimas.

– As sensações estão gravadas no cérebro perispiritual. A armadura carnal é simples cópia desta nossa real aparência. O que diferencia as coisas por aqui é que as técnicas são bem mais evoluídas e o risco de morte é zero. É uma questão consciencial.

– Qual o período necessário para que ele esteja totalmente restabelecido? – inquiriu Matheus.

– Tudo depende dele. Pode ficar por horas e até séculos. O que determinará seu soerguimento é sua vontade de reagir. Aqui, Matheus, tratamos os enfermos com vistas à cura real.

– Temos a certeza de que cuidamos de seres eternos, então nos associamos à paciência e aguardamos com fé. Ao contrário da Terra, onde, muitas vezes, nem o médico confia no seu auxílio prestado, tratando o enfermo agonizante como quem não encontrará alívio para seus males, se não na morte física, e deixando de dar amor e dignidade, até que a alma troque de estágio, vibrando em outras paragens da vida eterna.

– Onde sua consciência ou o espírito está agora? – perguntou Paulinho.

– Aí mesmo junto da veste secundária que o serve. Ele,

no estado em que se encontra, perante a culpa que carrega, automaticamente se implodiu. Mas com o auxílio magnético dos colaboradores do Senhor, despertará para a eternidade. A morte não existe senão para a matéria em qualquer grau que ela esteja. A alma sempre será imortal.

Seguimos pelas demais câmaras, estudando casos diversos. As aulas não poderiam ser mais esclarecedoras. Parando em frente a um leito para esclarecer mais algumas dúvidas, Matheus perguntou:

– Todos aqueles que chegam aqui devido a choques traumáticos atravessam tais situações dolorosas?

– Não necessariamente. – falou Dimas. – Somente transferimos conosco para cá aquilo que a nossa consciência registra como verdade. O que não estamos condicionados a ver, sentir ou pensar não vem conosco para cá.

– Muitos que desencarnam em catástrofes destruidoras, possuindo consciência desperta e méritos, acordam neste plano como quem desperta toda manhã. Daí a máxima do Cristo: "*Teu coração está onde estão teus tesouros*", ou seja, sua consciência imortal vibrará junto àquilo que julga possuir. E ainda há outra máxima do apóstolo Paulo que diz: "*Eu tudo posso naquele que me fortalece*", o que nos impulsiona à vida.

Dimas nos esclarecia com máximo amor. As perguntas eram muitas, as lições de importância incalculável, mas a hora chegava ao fim e tínhamos outros compromissos. O mentor fechou a aula dizendo:

– Não se prendam às formas aparentes ou à ilusão que os sentidos despreparados podem criar. Nossos irmãos aqui estão sob os cuidados de amigos amorosos e despertarão para a vida eterna.

– O que vale é ressaltar que somente o amor pode trazer a cura real em qualquer plano da vida. As palavras de amor e paz podem aliviar dores terríveis. Jesus é o médico das almas e suas curas nunca necessitaram de substâncias alucinógenas ou antibacterianas. Tudo que faz é por sua própria força, por força não do amor que carrega, mas sim do amor que É. Vamos cultivar a fé, não por ato religioso, mas sim por ser o caminho que leva ao Pai Maior.

A emoção nos traiu na hora e as lágrimas desceram abundantes. Saímos da enfermaria, trocamos mais algumas palavras e cada um seguiu para suas tarefas habituais.

Eu fiquei refletindo naquilo tudo e concluí que a Bondade de Deus nos trata com muita paciência, esperando que cada um evolua a seu tempo, com nossa rudimentar boa vontade.

Cada dia que passa me torno mais fã de Jesus, a ponto de não esquecê-lo um só instante, em minhas escolhas, decisões e atos.

Auxílio da doença

Com as instruções que eu recebia todos os dias, compreendi que cada momento é único e, sendo assim, os dias por aqui não se pareciam uns com os outros. E, de forma análoga à rotina, eu procuro aproveitar cada segundo para aprender. Já me sinto familiarizado com as pessoas daqui, o que me dá grande conforto.

Senti isso quando fui para a faculdade, na Terra. Meio com medo, inseguro, mas logo eu já me sentia em casa.

Em nenhum momento abandonei os laços mais íntimos das ligações dos familiares consanguíneos que me aguardam na Terra.

O ser humano é assim, adaptável. Às vezes, tem medo que nem reconhece. Sempre que possível, eu saio a fim de fazer novos amigos e se, porventura, notar alguma vivência que sirva de estudo para mim e para meus irmãos encarnados, eu faço as anotações necessárias e passo para o Dimas analisar.

Numa dessas saídas, encontrei um amigo querido daqui, o Murilo. Sempre bem-humorado. Chegou aqui dois anos antes de mim e já está bem adaptado. Foi o que eu pude perceber logo de início ao vê-lo tão desprendido.

– Como vai, Murilo? – falei.

– Muito bem! – respondeu ele de imediato.

– Por aqui, graças a Deus, tudo é bênção.

– Você já trabalha? – perguntei, tentando estimulá-lo a falar um pouco mais.

– Sim. – respondeu, solícito. – Faço parte da enfermaria. Eu o vi, quando você foi, mas você não me notou. Também, eu estava de gorro, avental e máscara. Eu estava higienizando um suicida que havia ateado fogo ao próprio corpo.

– Nossa, que horror! – exclamei, sem pensar.

– Mas os suicidas não vão para outro lugar? – perguntei, interessado.

– Não posso afirmar isso a você com certeza. – respondeu.

– Não tenho esta informação, mas sei que aqui existem vários suicidas.

– É claro que a dor deles não tem comparação. É de dar pena.

– Quando tive de retirar as peles queimadas que se agrupavam em bolhas e queimaduras profundas, ele, consciente, chorava de dor e eu não podia fazer nada além de higienizá-lo.

– Não tem anestesia aqui? – perguntei.

– Temos. Aqui tudo é mais evoluído que na Terra, mas no caso dele a dor é mais moral do que propriamente do corpo somático. Se ele tivesse chegado aqui sem a condição de suicida, mas do mesmo modo, ou seja, através de queimaduras no corpo físico, provavelmente não traria as marcas de dor e angústia.

– Como estudamos no curso de enfermagem, o emocional sempre é mais forte e, se as emoções estão descontroladas e sob pressão da consciência culpada, é natural que as dores se transfiram para o corpo perispiritual. O veículo das emoções é invisível para todos nós, treineiros da vida eterna, mas consistente para quem atingiu as ligações da consciência educada no bem de todos.

– Nossa, quanta coisa! – falei.

– Não sabia que as situações que criamos, sem refletir, tivessem tantos reflexos negativos neste Plano.

– E você, como chegou aqui? – perguntei a fim de conhecê-lo melhor.

– Cheguei há quatro anos. – falou, com tranquilidade.

– Fui acometido por um câncer que, sob as bênçãos de Deus, me fez entender situações importantes, além de me ajudar a dar um grande salto no caminho da evolução.

– A vida aqui me recebeu com desvelado amor e carinho. Pude então sentir forças benditas agindo dentro de mim, as quais puseram um fim ao meu orgulho e à minha vaidade.

– O período de convalescença não foi fácil. Ver os familiares ao nosso lado tentando demonstrar que está tudo bem, os amigos com os olhos marejados d'água, os elos com o corpo se quebrando dia a dia... Não é brincadeira, mas eu não desisti. Lutei o quanto pude, mesmo sentindo que seria em vão.

– E, quando as forças não mais podiam sustentar meu corpo pesado, veio a situação que mais me elevou, que mais expandiu meus conhecimentos. Estando na Terra consciente, eu podia ver o outro plano, o dos espíritos ou, neste caso, o nosso. Tudo me parecia surpresa. Procurei falar pouco, até para não acharem que eu estava enlouquecendo.

– Em raras vezes, desabafei com minha mãe, que me ouvia com atenção sem deixar transparecer seu desespero. No fundo, todos nós sabíamos que não tardaria a desencarnação.

– Durante a espera, me comprazia com as belíssimas paisagens que se desenhavam diante dos meus olhos ressequidos e pálidos. Via irmãos trajados de branco tocarem meu corpo. Parentes atravessavam o quarto trazendo até mim palavras de consolo e amor. A cada dia eu me sentia mais distante do corpo físico, embora guardasse a impressão de estar preso a ele por laços invisíveis aos meus olhos carnais e espirituais.

– Quando as dores atingiram o auge, não podendo suportar, aconteceu um fenômeno natural que todo moribundo enfrenta. Sentia uma espécie de anestesia que congelava todas as impressões de dor. Daí pra frente, foi questão de horas para que eu desencarnasse.

– Minhas mãos ficaram pesadas. As extremidades dos membros inferiores assemelhavam-se ao gelo. O ar não chegava mais até meus pulmões e o coração diminuía seu ritmo. Naqueles momentos, não me senti mal, nem percebi nenhum desconforto. Apenas registrei impressões que adiante me libertariam do meu corpo doente, um instrumento que já não me servia mais.

– Fora da matéria, vislumbrei uma atmosfera muito clara e, ao firmar os olhos, percebi já não estar mais no quarto. Um jardim caprichosamente decorado surgia na frente dos meus olhos, pouco acostumados a tão grande beleza. Em seguida, recebi cuidados específicos e informações importantes. Eu estava muito bem. A doença havia ficado no corpo e ali eu seguia íntegro e muito leve.

– Eu, no íntimo, sabia que meus familiares também estavam sendo cuidados como eu e, assim, me entreguei às novas experiências.

– Vejo que você aceitou tudo com facilidade. – eu disse, querendo saber mais.

– Não sei se a palavra é aceitação ou se é compreensão, pois eu compreendi antes para aceitar depois. A condição de convalescente me conferiu maior consciência e me estendeu uma dose maior de amor.

– Confesso que aprendi mais com a desencarnação do que com a existência terrena.

– O que você diria hoje para quem estiver na mesma situação em que você esteve naquelas horas? – perguntei.

– Que guarde o coração na paz. – ele me respondeu.

– E se entregue em espírito a Deus, porque, se continuar na Terra ou sair dela, o mais importante sempre será a forma esclarecida com que interprete as provas que a vida lhe ofereça. Que não pense na desencarnação, mas sim na vida imortal do espírito. Que estando consciente, pode decidir por si os caminhos morais por onde trafegará.

– Estar no corpo não garante felicidade. Estar na Erraticidade[29] também não garante vitória. A paz começa quando a criatura compreende que acima de todas as suas dores e felicidades estão as mãos do Senhor conduzindo-a sempre pelos caminhos da moralidade.

Falamos por mais um tempo. Ele teve de sair, pois tarefas o aguardavam. Eu fiquei pensando em todas aquelas informações, certo de que, na Terra, nós sofremos por muito pouco e que nossa compreensão não atravessa os limites do próprio quarto. Na dor ou na alegria, sempre falta muito de nossa parte, no sentido de repartir bênçãos de esclarecimentos para aqueles que nos rodeiam.

O amor, quando educado, não exige nada mais do que o

29 **Erraticidade:** [do francês *erraticité*] Estado dos Espíritos errantes, quer dizer, não encarnados, durante os intervalos de suas existências corporais. Deixando o corpo, a alma retorna ao Mundo dos Espíritos, de onde havia saído para retomar uma nova existência material, depois de um lapso de tempo mais ou menos longo, durante o qual permanece no estado de Espírito errante.

próprio ambiente da boa vontade. Elevei os pensamentos a Jesus e, orando, deixei lágrimas de esperança e alegria rolarem por minha face.

Nada que eu escreva hoje pode descrever o sentimento que experimentei naquela hora, quando mesmo estando só, ali, sentia uma presença bendita impulsionando meu coração a querer crescer e amar mais. E terminei apenas dizendo: *"Obrigado, Senhor"*.

Renascimento

Nos muitos diálogos que tenho com o Dimas, procuro aproveitar o máximo para extrair informações que me enriqueçam a intelectualidade e o coração. Há alguns dias, terminamos o estudo de *O Livro dos Espíritos*. Foram dois anos de estudos, o que me fez recordar informações que permanecem guardadas na mente espiritual.

Ali, relembrei nossa vida direcionando o rumo de nossa evolução, pois, na terceira parte do Livro são abordadas as leis morais, ou seja, nossa parte mais importante, o bem e o mal, falando das seguintes Leis: Divina ou natural, de adoração, da conservação, da destruição, de sociedade, do progresso, de igualdade, de liberdade e de justiça, amor e caridade. Estas leis direcionam o homem na Terra e o espírito na eternidade.

Nesta colônia, elas são lembradas e seguidas com regularidade, pois compõem o código da regeneração. O primeiro passo para o crescimento moral é detectar os próprios vícios morais e educá-los no bem. E é isso que estas leis fazem, nos possibilitam estudar melhor o retorno do espírito à vida espiritual.

Naquele momento, eu quis saber o porquê de não encontrar crianças na nossa colônia. Na primeira oportunidade que tive perguntei:

– Dimas, nossa colônia é destinada ao socorro e à reabilitação de jovens que retornam em situações de necessidade maior. Será por isso que não vejo crianças por aqui?

– Cada núcleo daqui se especializa em um tipo de auxílio. O fato de você não ver crianças não quer dizer que elas não sejam encontradas aqui.

– Nossa colônia recebe jovens que retornaram da Terra e que deixaram por lá uma família em situação muito difícil. Nosso maior trabalho não é com os recém-chegados, mas sim com os familiares que permaneceram por lá. Auxiliá-los é o nosso dever.

– Quando o espírito desencarna nos primeiros anos da existência física, tendo uma estruturação um pouco mais elevada, não permanece preso às dimensões que circunscreve o corpo infantil. Isso ocorre porque, sendo aquele corpo apenas a roupagem que o espírito usa de momento, não a guardará aqui no Plano Espiritual, visto que deve seguir a marcha do progresso.

– Muitas vezes, ele mesmo tem de prestar socorro aos entes amados que deixou momentaneamente por lá. Sempre será a mente ou o desejo do espírito liberto que agirá sobre a aparência que carregue. Muitos irmãos reencarnam para permanecer pouco tempo na Terra e, quando retornam, servem de grande prova para o progresso moral dos seus genitores, os quais amam tanto. Não há nisso nenhuma maldade, mas sim progresso calculado pelos prepostos do Senhor.

– Para lhe explicar melhor, Gabriel, peço a você que me acompanhe até o apartamento de um amigo seu, do qual você não conhece a história, e ouviremos dele o relato pessoal, a fim de melhor ilustrarmos nossos estudos.

Segui com o benfeitor por algumas ruelas até chegarmos ao apartamento do querido Luan. O que foi para mim uma boa surpresa.

– Dimas bateu à porta e o jovem simpático nos recebeu transbordando ótimas vibrações. Após os cumprimentos naturais, Dimas falou:

– Luan, este é o nosso amigo Gabriel. Sei que já se conhecem. Ele está estudando para transmitir relatos à Terra e surgiu-lhe uma dúvida, que eu creio ser de muita gente, até mesmo dos espíritas. Se for possível, eu gostaria que contasse para ele sobre o seu retorno para a Colônia.

– Claro que sim! – falou o jovem.

– Estou aqui de volta há quase um ano. Permaneci por lá, nesta última passagem, apenas 49 dias, em que pude aprender muito. Lembrando, Gabriel, que nossa ligação com os familiares começa bem antes da gravidez.

– Vivi pouco tempo após o renascimento, mas tive nove meses de gestação que me aproximaram muito dos meus pais. Eu sabia que retornaria no tempo previsto. A quantidade de tempo que permanecemos no corpo físico não determina nosso crescimento moral, mas sim o tempo que dedicamos ao amor por todos.

– Quando falei com meus futuros genitores, em reunião aqui no nosso Plano, todos nós aceitamos que minha nova reencarnação seria por período curto. A lei do Senhor não obriga o espírito a enfrentar provas para as quais não esteja preparado. Todos nós estávamos prontos para crescer. Nosso diálogo seguiu dentro dos princípios do amor que sabe renunciar.

– O corpo que me serviria de veste carregaria consigo uma

complicação de difícil tratamento, mas que seria um importante campo de estudos para a ciência humana, a qual ajudará muito no futuro na prevenção e no controle de doenças cardíacas. Eu não possuía carma nesse sentido. Não estava levando dívidas do passado, mas sim um teste de amor e renúncia para todos nós.

– Nos dias que antecederam o início da gravidez, eu me recolhi numa espécie de meditação para reunir forças. Estava seguro. Após, fui perdendo a consciência e, no meu caso, só a retomei no primeiro mês de gestação da minha mãe.

– Despertei envolto por ondas de agradável calor e vibrações de amor incondicional. A felicidade seguia conosco. Tinha a consciência de tudo e, mesmo ligado ao minúsculo corpo que se formava, eu podia perceber tudo à minha volta.

– Percebia as vibrações de quem se aproximasse de nós, mas elas não me atingiam, pois os plexos[30] maternos criam poderosos campos de força, protegendo o feto e o espírito reencarnante. Eu podia ouvir as batidas do coração da minha mãe. Seu amor e seu carinho já me embalavam, causando-me muita segurança, mesmo sabendo que seria por pouco tempo.

– Eu não pensava em sua frustração ante a minha partida futura, mas enviava para ela fluidos de amor e paz. Ali estava a bênção de Deus cuidando para que seus filhos crescessem em moralidade.

---

30 **Plexos:** Plexo, derivado do latim *"plessus"*, quer dizer enlaçamento. Entrelaçamento de muitas ramificações de nervos ou filetes musculares, vasculares. O Sistema Nervoso é complexo e permeia todo o corpo físico denso em verdadeiro cipoal de linhas. Em certos pontos do corpo, as células nervosas formam uma espécie de rede compacta, entrecruzando-se abundantemente em conglomerados complexos e emaranhados, que parecem nós de uma linha embaraçada. A medicina chama esses pontos de plexos nervosos.

– Quando os médicos detectaram a morfologia inadequada do feto que me servia de veste momentânea[31], ouvi comentários sobre o aborto terapêutico, mas eles nem chegaram a insistir com minha mãe, pois ela, em sua robusta fé, reuniu forças para seguir adiante.

– Aí começou uma grande luta contra o tempo para me salvar. Passei por uma cirurgia ainda dentro do útero, o que prolongou meu tempo junto dos meus amados. O repouso absoluto retirou mamãe do lar e passamos a viver dentro de um hospital. Ela renunciou a tudo para me ajudar, mesmo que, na sua consciência, soubesse que meu tempo ali seria curto. Em vigília[32], ela não se recordava disso e seu instinto materno a impulsionava a fazer sempre mais. Meu pai sofria calado. Ele desejava muito que eu renascesse. Afinal, eu, ele e minha mãe já tínhamos convivido por muitas existências juntos e sentíamos um pelo outro um amor constituído há séculos.

– Como você se sentia sabendo que todos os esforços de seus pais e amigos seriam em vão? – perguntei.

– Me sentia muito amado e feliz, pois nada ali era em vão. O amor nunca perde o sentido. Estávamos aprendendo a amar mais. Com o meu retorno para cá, não haveria perdas, mas sim renovação. Todo esforço movido com boas intenções gera forças reparadoras. Somente é capaz de crescer aquele que ama seu próximo mais que a si mesmo.

– Com muitos sacrifícios, chegamos ao dia do parto. Todos estavam apreensivos. Era o momento de eles verem minha nova

31 **Veste momentânea:** corpo físico daquela reencarnação.

32 **Vigília:** [do latim *vigilia*] 1. Falta de sono, insônia. 2. Cuidado, dedicação. 3. Estado de acordado.

carinha moldada em contornos angelicais. Meu primeiro olhar foi a contemplação de minha doce mãe. A emoção tomou conta de todos, pois, para eles, eu era um pequeno herói que tinha vencido muitos obstáculos para chegar ali. E, no contato com tantas pessoas, eles também aprenderam a me amar e eu podia sentir o afeto deles.

– Foi um dia de muita felicidade. Nos primeiros exames feitos pelos médicos, detectaram a minha doença, que poucos conheciam. As complicações surgiram, e eu nem cheguei a ir para a casa de meus pais.

– Sentia que o tempo se esgotava, mas permaneci forte. Desejava apenas ajudar meus genitores e tudo fiz para isso. Presenciei preces de profundo amor e desprendimento por parte deles. Não havia dor física para mim, embora eles acreditassem que eu estivesse sofrendo naquela situação.

– Eu nada sofri, apenas aprendi a amar mais. Quando as forças orgânicas não puderam mais manter o funcionamento do meu frágil corpinho, senti-me desligado dele e, ali mesmo, sob as preces de meus pais, juntos, reunimos forças superiores para aguentar a dolorosa despedida.

– Eles permaneceram junto ao meu corpo, sentindo até a última sensação de calor. Preces benditas subiam ao Universo buscando mentes elevadas que aliviavam suas dores. Quando vi, já não guardava mais a aparência do corpo infantil, mas sim do jovem como me apresento hoje.

Orando com meus pais, pedi a Jesus permissão para permanecer ao lado deles, auxiliando no que fosse possível.

– Naquele instante, amigos desta Colônia penetraram o recinto e suas luzes muito claras caíram sobre todos nós como bálsamos reconfortantes. Uma coisa eu sempre tive certeza: jamais estaríamos separados. Por isso, assim que pude, alguns dias depois, retornei para cá, mas nunca fiquei um só dia sem visitá-los.

– Meu retorno modificou a vida deles, melhorando seus caminhos, o que me dá a certeza de que fizemos a escolha certa.

– Uma pergunta, Luan! – eu falei.

– O que você sentiu na transição da aparência infantil para a adulta? Você teve consciência disso?

– Não. – respondeu o jovem.

– O que mantém nossas aparências são os nossos próprios desejos. Eu não poderia ajudar meus pais na condição infantil. Assim, meu íntimo gerou a força impressa pela consciência para que eu pudesse me apresentar de imediato na forma atual.

– Todos nós somos aquilo que acreditamos ser. Nada além disso. A criança só estará completamente ligada ao corpo de carne quando atingir mais ou menos seus sete anos de idade, variando segundo a evolução de cada um. O espírito que permanece na condição de aparência infantil fora da matéria ainda não despertou para a eternidade. Nesta condição também se prende o sexo, agindo segundo as forças que o mantêm.

– Sua passagem é bastante interessante. – falei, comovido.

– Deus cuida de tudo. – complementou Dimas.

– Ninguém renasce na Terra ou em outro Plano sem que Deus trace um programa de crescimento e amor. Aqueles que sabem aproveitar cada obstáculo conseguirão subir alguns degraus na escala evolutiva e continuarão a crescer moralmente. – afirmou nosso benfeitor espiritual.

– Veja, Gabriel, o amor bem compreendido somente traz progresso. A vida na Terra é educandário de amor. Não há o que temer, basta aproveitarmos o tempo que nos é dado lá para fazer o que é certo.

Ficamos por ali mais um tempo. A presença do Luan é muito agradável. Hoje, ele é um trabalhador daqui e, segundo ele mesmo informou, existem planos para que retorne à Terra. Por isso, estuda muito para levar consigo, lições de transformação redentora. Ele também, como eu, escreve com regularidade a seus pais, transmitindo ainda mais forças à existência deles.

É um trabalhador do bem. Um amigo de todos. Sou muito feliz por poder ouvir lições de vida que fazem brotar, em nós, emoções tão importantes. E concluo afirmando que a dor, embora pouco compreendida, trabalha no celeiro de Deus, abrindo nossos sentidos para nos alimentarmos de seu puro amor.

Perdão

Na Terra seria sábado. Aqui, nós ainda obedecemos ao calendário de antes, para não nos perdermos no tempo infinito.

Marcamos um encontro à noite, para tocarmos umas canções entre amigos. Apesar de nenhum de nós ser músico, nos afinamos com a ideia.

Diferente da Terra, "deste lado" da vida, nesta estação de repouso e aperfeiçoamento, as músicas devem atingir o coração de modo a elevá-lo ao Senhor da vida.

O requebrado sensual dá lugar a delicados trejeitos muito suaves, e os sons estridentes deixam-se perder ao longe, substituídos por deliciosa sinfonia de amor fraterno. As notas acústicas tecem a melodia como o ourives lapida delicada joia.

Há um sentido elevado para tudo, pois a regeneração já se instalou por aqui há muito tempo. Apesar de não termos mudado muito, já podemos compreender que a evolução refina o homem imortal e todos os seus gostos, então não faz mais sentido cultuar modismos nascidos no orgulho.

A realidade vai muito além do que um dia pude imaginar enquanto estava preso ao corpo físico. Aqui, as vibrações se coadunam com o bem de todos. Pensando nisso, montamos nosso grupo musical, intitulado "Além da Vida", onde Eu, Nickolas, Thiago, Eliano, Paulinho, Zé Francisco e Matheus participamos.

Começou com uma brincadeira para passar o tempo e acabou nos dando uma ocupação bem mais apropriada. Por isso, nos reunimos para compor e cantar. Falar do bem, do amor, da paz, da evolução, da vida que não tem fim. Do coração que caminha na saudade e da alegria que contagia.

Eram 20 horas quando o pessoal começou a chegar. Sentamos na pracinha, em frente ao apartamento onde estou morando, e um a um foi chegando. Os instrumentos são idênticos aos da Terra. Nada sofisticado. Violões eram o suficiente. O céu bordado de estrelas dava um brilho especial à noite e a brisa balsâmica parecia atravessar a alma refrigerando o coração.

As notas se perdiam no silêncio noturno. Cada um cantava como desejava. Todos participavam como vocais sem medo ou timidez. O que valia ali era a boa intenção de colaborar com aquela atmosfera de fraternidade. Outros amigos foram se aproximando para aproveitar aquele ambiente descontraído e feliz.

Alexander chegou sorrindo. Fernando e Bruno vieram mais tarde. Não tardou para que logo se formasse uma assembleia de companheiros que, como eu, buscavam o próprio desenvolvimento. Em uma das vezes que parei para que outros cantassem, Mariano, nosso amigo recém-chegado, me perguntou:

– Você já cantava antes de vir para cá?

– Gostava de dar umas arranhadas. – respondi, brincando.

– Como se sente hoje vendo que a vida é tão boa por aqui? – ele me disse, querendo informações mais claras.

– Eu me sinto muito feliz. – respondi.

– Atravessei os primeiros momentos assim como você.

– Estava meio perdido, mas, assim que comecei a interagir com outros irmãos, logo pude detectar que a morte era apenas uma ilusão que a cultura primitiva nos oferece para machucar os corações despreparados.

– Aqui é uma estação de crescimento. Um oásis para nos fortalecermos para a caminhada eterna. – continuei falando.

– É certo que todos retornarão aos círculos abençoados da Terra, mas para isso, como em qualquer viagem, devemos nos preparar, conhecer o roteiro, as necessidades ambientes para que sejamos bem-sucedidos.

– Você ainda nem conheceu tudo por aqui e já está tão contente! Imagine quando visualizar as inúmeras benesses que vislumbramos por aqui.

– Gabriel, – disse Mariano. – posso lhe pedir um favor?

– Sim, claro. – respondi de imediato.

– Sei que você vai sempre à Terra. – falou o companheiro. – Será que pode dar um recado à minha família?

– Eu não tenho liberdade para isso. – respondi. – Mas posso ver com o Dimas se ele pode fazer isso para você. Aqui onde moramos funciona a lei do merecimento. Nada acontece burlando tal lei.

– Assim que eu encontrar o nosso instrutor, vou falar com ele.

– Eu agradeço muito. – falou o amigo, preocupado com a família que tinha deixado na crosta.

– Assim que terminarmos aqui, – falei. – irei com você ao apartamento do Dimas e, juntos, falaremos com ele.

A maioria aqui deseja contato com a antiga moradia, mas nem todos atingem as condições emocionais esperadas para que o intercâmbio aconteça com segurança.

Ensaiamos por cerca de duas horas. Ao sairmos dali, segui com o Mariano até o companheiro Dimas. Quando chegamos, ele nos recebeu sem surpresa. Cumprimentou-nos, nos convidou para entrar e disse:

– Como vão as músicas? Estão ensaiando o suficiente? Lembre-se de que irão se apresentar quando o nosso governador geral vier aqui.

– Estão muito boas! – respondi. – Acredito que ele irá gostar.

– Dimas, este é o Mariano – falei. – Acabou de chegar da Terra e deseja entrar em contato com a família. O que você pode fazer por ele?

– Sempre há um meio de ajudar um amigo. – disse o benfeitor, entendendo que nem sempre nossas escolhas, movidas pelas emoções desordenadas, são as mais seguras.

– Eu preciso dizer algo à minha mãe. – disse Mariano.

– Sei que ela deve estar sofrendo, assim como minha vó Cida, meu pai, meus irmãos.

– Sim, sim… – disse o diretor da Colônia Fabiano de Cristo.

– É natural que eles estejam fragilizados com sua partida. Vamos ver o que podemos fazer por vocês.

– Você chegou aqui há 20 dias. Ainda é bem cedo para que possa criar sintonia com a instrumentação mediúnica. Antes de tentar qualquer comunicação, terá de estudar um pouco para colher, na informação, aspectos seguros para o seu desenvolvimento.

– Além do mais, precisamos saber se seus pais e familiares estão prontos para aceitar as suas palavras, pois se não acreditarem, a frustração pode ser prejudicial. Vou visitá-los e, se tudo estiver de acordo com o esperado, enviaremos o recado a eles.

– Vamos fazer assim: vou deixar o Gabriel encarregado de lhe orientar quanto aos mecanismos do intercâmbio. E você, Gabriel, dê a ele a apostila que trata das comunicações.

– Estude, prepare-se, continue a frequentar as sessões de atendimento psicológico para se desligar das impressões que lhe trouxeram para cá.

– Assim que tudo estiver certo, eu lhe avisarei.

O olhar de contentamento de Mariano era luminoso. Dimas nos deu orientações mais acertadas quanto aos estudos.

Após, saímos dali e seguimos para meu apartamento, onde ficamos conversando por algum tempo. Eu quis saber a história de Mariano e ele, sem reservas, me contou:

– Tudo aconteceu muito rápido, como se eu fosse arrancado do próprio corpo. Era uma força maior do que eu. Não consigo interpretar o que estava acontecendo, mas logo vi se aproximarem de mim alguns homens vestidos de branco. Pediam-me calma e diziam que eu deveria seguir com eles.

– Senti uma dor no peito e percebi que o sangue manchava minha roupa. Estava ficando impressionado, mas fui contido. Era como se eu tivesse feito um corte em um dos dedos. Percebia que sangrava, mas não tinha medo, pois sabia que estava fora de perigo. Não pensei na morte, afinal, era só um leve ferimento que os amigos ali saberiam cuidar com presteza.

– Deixei o carro e segui com eles. No hospital, recebi cuidados e um sono forte me tomou de imediato. Quando despertei, não sentia nenhuma dor e nem havia sinal de ferimento em meu corpo. Levantei, caminhei pelo quarto para reconhecer o ambiente e foi quando um enfermeiro entrou e me disse:

– Como está o nosso Mariano?

Eles falaram como se já me conhecessem.

– Despertou, enfim?

– Como assim? Por quanto tempo dormi? – eu quis saber.

– Por um período bem longo. – respondeu o amigo. – Mas não se preocupe.

– Podemos falar agora?

– Claro que sim. – falei, ansioso. – Mas me responda uma coisa: que lugar é este?

– Vou lhe esclarecer sobre tudo que precisar. – disse o amigo.

– Você chegou aqui trazido por amigos que o amam.

– Este é o Hospital Escola Fabiano de Cristo. Um departamento da Colônia Espiritual Alvorada Nova.

– Como assim, espiritual? – interrompi. – O que está acontecendo?

– Peço para que mantenha o equilíbrio e a atenção. – falou o enfermeiro.

– Vou procurar ser bem claro. Sei que pode parecer estranho para você, mas você deixou seu corpo. Aqui é o "outro lado" da vida, como dizem algumas pessoas da Terra.

– Quer dizer que eu morri? – interrompi novamente.

– Claro que não! Como poderia falar comigo, se estivesse morto?

– Você desencarnou. Sua missão na Terra se encerrou, e você voltou para cá e seguirá evoluindo.

– Não tenha medo. Antes que me pergunte, vou tranquilizá-lo. Seus pais estão recebendo cuidados nossos, assim como você. Creia que nada faltará a eles.

– Eu morri, ou seja, desencarnei como? – perguntei, espantado.

– Você foi baleado... Mas não convém falarmos sobre isto

agora. Há outras coisas para se preocupar como, por exemplo, sua reintegração à nossa colônia.

– Eu fui assassinado por quem? – perguntei.

– Não falaremos sobre isto, pois aqui tem hora certa pra tudo. Importa saber que está bem. Não se prenda aos meios que o trouxeram para cá, mas sim ao agradecimento ao Pai por ter atravessado uma existência rodeado de tanto amor, onde pôde alcançar crescimento moral. Além do mais, ainda não está pronto para o perdão necessário.

– Sabe, Gabriel, eu fiquei pensativo, mas não havia o que fazer. – me disse Mariano.

– O amigo espiritual me esclareceu muito sobre tudo o que eu precisava de momento e, por meio da oração, juntos, consegui o equilíbrio para recomeçar.

– Hoje já estou muito bem. Tenho saudade, mas compreendo que, além da minha vontade, estão as leis de Deus governando aquilo que eu ainda não posso compreender.

– É assim mesmo. No começo, a gente fica meio perdido, mas depois tudo se torna natural e passamos a viver muito melhor. – eu comentei.

– Conversamos por um bom tempo e ele voltou para seu apartamento, ficando junto de seus companheiros de quarto.

Na próxima sessão psicográfica, Mariano seguiu conosco para a crosta. De papel nas mãos, carta pronta. Havia se preparado para ele mesmo escrever.

Segundo Dimas, o merecimento e a fé de sua mãe atingiam condições de favorecimento.

Quando chegou sua vez, sentou-se ao lado do médium, concentrou-se e ditou a mensagem de forma equilibrada. Teve a oportunidade de abraçar os entes amados. Dimas acompanhou tudo de perto, mantendo suas forças emocionais sempre equilibradas.

Logo após, retornou para a Colônia, satisfeito e com o coração iluminado.

Assim é a vida eterna. Impulsionando a evolução. Cada dia mais, vejo que nunca, em momento algum, somos privados das bênçãos de Deus que, sobre a família de Mariano, espargia Suas forças renovadoras.

Mariano cresceu muito rápido em entendimento.

Ao saber sua história por completo, não pensou duas vezes e perdoou o rapaz que havia retirado sua vida física. Assim, desprendeu-se de vez de qualquer mescla de dor.

O perdão liberta e impulsiona para cima, enquanto o ódio e a vingança anulam as melhores condições de felicidade.

Aqui, estamos amparados por Jesus, assim como antes, mas já não carregamos mais as incertezas da imortalidade da alma, o que nos confere construções interiores que visam à eternidade.

O imediatismo não nos governa os ideais íntimos.

Sou muito feliz aqui. Agradeço a Deus por tudo isso e a meus pais por continuarem me emitindo forças renovadoras que me indicam o caminho do bem.

Impressões de Eternidade

Tudo que eu tinha diante de mim era a vista luminosa da abóboda celeste projetada em imenso telão. Suave melodia composta por seres luminares preenchiam minha concha auditiva, e eu deixava que tudo aquilo vasculhasse cada canto do meu ser.

Fechei os olhos, ficando com a imagem do planeta azul gravada na mente. Então percebi que algo diferente surgia dentro de mim, como se alguma coisa se quebrasse rompendo estruturas sólidas. Percebi que suave leveza dominava meu espírito e me entreguei sem medo.

Deixei ali no chão a veste[33] que me serve de veículo por aqui e parti obedecendo ao sentido Crístico da sinfonia angelical. Busquei em minhas lembranças as imagens que agora se desenhavam diante de meus olhos conscienciais. Não me pareciam totalmente estranhas, mas eu não saberia definir a magnitude daquele espetáculo.

Vi fabuloso jogo de luzes multicoloridas formarem imagens de rostos humanos, que sorriam para mim gostosamente. A psicosfera era de extrema paz. Eu não sentia sequer qualquer peso em

33 **Veste:** aqui aparece com o sentido de "corpo" espiritual.

minha forma naquele momento. Cenas muito belas formavam-se como uma projeção de afeto puro.

Mais adiante, sobrevoando aquele ambiente estranho para mim, onde meus pés nada tocavam, mas ao mesmo tempo eu me sentia apoiado sobre o corpo mental que sustentava meus pensamentos, minha mente teve um apagão.

Eu tentava me encontrar, relembrar algo do meu passado, mas não era possível. Era como se aquele momento fosse o mais importante de todos para mim. Quis retornar, mas na verdade eu não saberia para onde. Sabia não ser um sonho, pois a consciência desperta me imprimia noção de realidade.

Então segui adiante e, entre luminescências fulgurantes, surgiu a nobre figura de uma linda jovem. Seu sorriso traduzia a mais pura verdade e seu olhar refletia a esperança. Raios de extrema luz dourada partiam de seu tórax. Aproximou-se de mim, abraçou-me fortemente, me senti embalado por sua suavidade maternal e meu peito registrou a candura de seu afeto.

Sem dizer uma só palavra, imprimiu em mim imensa segurança. Por instantes, era como se lesse todos os meus mais íntimos pensamentos e, sem se intimidar, transmitiu-me seu amor de modo profundo e feliz.

Eu sentia forças estranhas penetrarem meu espírito, sem que eu pudesse controlar minhas próprias ideias. Mas tudo que ela me passava de modo desconhecido era muito bom.

Depois do longo abraço, afastou-se um pouco, parando a meio metro de mim, e entregou em minhas mãos um livro de capa reluzente, semelhante a ouro, contornado por cintilações violáceas.

Eu quis abri-lo, mas ela me impediu, e sem movimentar os lábios disse, e eu ouvia dentro de mim:

– Aqui, meu jovem amigo, estão contidas lições de sabedoria, impressões de eternidade. Este não é um livro que se lê de uma única vez, ao contrário, tudo que está aqui condensado, você escreveu no decorrer de sua evolução. As páginas do passado só se abrirão para você quando puder entender o sentido consciencial delas, pois informações que chegam sem o preparo seguro se perdem no labirinto da ignorância.

– A cada etapa cumprida, enxergará aqui seu real crescimento. Estas anotações têm por autora a sua própria consciência. Podemos também chamá-lo de o Livro da Vida e as páginas que resguardam o seu futuro. Algumas delas estão em branco, mas aquelas que fomentarão o seu crescimento já estão traçadas por irmãos bem maiores que administram a sua evolução. São os pilares, ou seja, os pontos de sustentação onde você apoia a sua formação, uma grade de ensinamentos.

– Com o decorrer do tempo, perceberá que todas as páginas vão se preenchendo. Mas há uma observação neste livro: a única pena que consegue transcrevê-lo é a da paciência, marcada pelo tinteiro do amor, pois o que nele se escreve não é o bem ou o mal que você praticar, mas sim as suas intenções positivas no bem de todos.

Eu não conseguia dizer absolutamente nada. Ela então pegou o grande livro dourado e ele se desfez diante de mim, desaparecendo como quando se apaga uma luz. Senti novamente seu abraço fraternal, que de novo dominou todo o meu espírito. Eu não sabia quem era ela, mas sentia uma vaga saudade, sem conseguir explicar. Ao soltar-me, deixou umas últimas palavras:

– Lembre-se que tudo que está anotado neste livro será repassado para você na forma de intuição. Quanto mais próximo do amor, maior será o seu contato com tais informações. Caminhe no bem e sua vitória estará garantida. Muita paz.

Senti os olhos marejados de água e, em questão de milésimos de segundos, a vi se desfazer, transformando-se em estrela fulgurante, partindo no Universo Infinito de Deus.

Eu estava totalmente alheio ao mundo que me cercava. Minha sensação era de quem sabia não merecer tal dádiva. À medida que minhas ideias cotidianas retornavam, despertei no grande salão, diante daquele cenário também maravilhoso, entendendo agora de onde ele havia sido inspirado.

Que visão era aquela que o desdobramento tinha me proporcionado? Que bendita impressão de paz era aquela que me dominava com tamanha profundidade?

Eu me sentia mais forte, como se alguém tivesse me dado um norte, uma direção. Tinha certeza do rumo a seguir e por onde começar. Permaneci por ali por longo tempo e, ao sair, busquei apressado o gabinete simples do meu amigo e instrutor Dimas. A porta estava aberta, e eu entrei. Ele não estava, mas uma flor muito bela chamou-me a atenção. Ela estava sobre a mesa encobrindo um envelope. Tomei a flor em minhas mãos para sentir seu perfume e, sem querer, percebi que o envelope estava endereçado a mim. Mesmo receoso, peguei-o para confirmar se era mesmo para mim. Então o abri e lá estava escrito em letra delicadíssima:

"Tenho como certo que encontrou o livro da sua vida e, com toda a certeza, a impressão segura da paz. Portanto, deve permanecer ligado ao seu dever, sem se desvencilhar da obra amorosa do bem.

Todos nós, mais cedo ou mais tarde, o encontraremos, mas só conseguiremos lê-lo quando nossa consciência se alinhar com as verdades de Jesus Cristo. Caso contrário, poderemos manchá-lo com nossas enfermidades morais.

Siga firme, meu amigo! O Amor de Deus nunca se cansa de nos socorrer, inspirando-nos evolução. Creio cada vez mais que estará buscando o bem de todos. Na última existência que teve na Terra, você foi preparado, sem perceber, para ser livre nas relações de amor ao próximo.

Confie em Deus e ame sem cessar. Que Deus o abençoe.

Dimas"

As lágrimas desceram pelo meu rosto, no qual a emoção tingia de rubro a face envergonhada por receber tanto amor.

Cada dia mais me surpreendo com este amigo, que consegue sondar meu espírito, sem que eu mesmo possa interpretá-lo. Realmente, estar desencarnado é viver a eternidade incansável de Deus.

Estou grato por tudo que tenho recebido por aqui.

Quando retornei ao meu apartamento, recorri à oração, a fim de agradecer por tudo que eu havia presenciado. E, pensando em meus pais e familiares, também agradeci a eles. Afinal, se não fossem eles, eu não seria o Gabriel.

Deus me fez Espírito. Regina e Renato me fizeram Gabriel.

amor . . .

Sobre o desdobramento

Toda criação divina está obrigatoriamente predestinada ao crescimento. A evolução é para tudo que pensa ou é pensado.

Nesses planos de vida eterna onde moro hoje, tenho compreendido quão pequenos são nossos conhecimentos, no que se refere à continuidade da vida fora da matéria da Terra. E uma das coisas menos estudadas é o desdobramento[34], ou seja, a saída temporária do espírito das vestes físicas, sem causar a morte material.

O desdobramento pode ocorrer durante o sono do corpo físico, em estado de transe, ou ainda em vigília, quando o espírito adquire tal facilidade nascida na própria aceitação, pois, durante as atividades diárias, o espírito pode sim estar parcialmente desprendido do corpo no qual habita.

Muitas vezes, encontrei neste Plano companheiros que eu sabia estarem encarnados na Terra. No início, até me assustei ao ver por aqui meus pais, por exemplo, mas os estudos me deram

34 **Desdobramento:** [do latim *des-* + *duplare* > dobra + *-mento*] 1. Faculdade anímica que permite ao Espírito sair do corpo físico e deslocar-se ou ser levado a outro local, podendo ser ou não visto pelos encarnados presentes no novo local. 2. Estado de emancipação da alma, quando a mesma se projeta ao Mundo Espiritual.

mais segurança e tudo ficou natural. Em uma das vezes em que precisávamos auxiliar um de nossos companheiros desencarnados daqui e levar a ele informações acertadas de sua mãe, que se encontrava em uma dimensão superior, ela havia falado com o nosso instrutor pelo pensamento e ele tinha preparado tudo para que o intercâmbio acontecesse.

Uma equipe ficou encarregada de levar o jovem à sala onde o comunicado aconteceria. Ele também foi instruído para manter o equilíbrio dos próprios pensamentos. Nós descemos à crosta por volta de 1 hora da manhã. Chegamos à casa do médium que descansava no corpo físico, sem se desdobrar.

Dimas estendeu as mãos luminosas sobre ele e disse:

– Meu irmão, que Jesus nos abençoe. Precisamos de seu auxílio, a fim de ajudarmos um amigo que precisa falar com sua mãe, que habita uma esfera mais alta.

As luzes que brotavam das mãos do mentor penetravam o corpo do medianeiro de sua confiança. E então vi o companheiro da mediunidade se levantar como se levanta pela manhã, com cabelos eriçados e pijama.

Olhou-nos com afetividade. Cumprimentou-nos como quem havia acabado de acordar e, entendendo nossa necessidade, vestiu-se rapidamente com roupas semelhantes às nossas, que eram mantidas à sua disposição no quarto que se formava no Plano Espiritual, semelhante ao da Terra.

Dimas percebeu que o médium tinha a mente envolta em vibrações um pouco pesadas e dirigiu-se a ele dizendo:

– Meu irmão, sei de suas preocupações, mas é necessário que as abandone de imediato para que possa atender com precisão aos labores que o Alto aguarda. Sei que é difícil se desvencilhar das preocupações físicas do dia a dia, das lides da vida física, mas, acima de nossas preocupações justas, estão as necessidades dos nossos irmãos em Cristo.

– Tenha fé, pois enquanto você estende duas mãos para o auxílio das dores dos nossos irmãos, Deus, em regime de urgência, também dissolve as suas. Concentre-se no desejo de servir e estenda o amor por sobre todos que estiverem ao seu redor.

Dimas impôs as mãos sobre a cabeça do médium desdobrado e orou com fé, dissipando assim os fluidos infelizes que habitavam sua mente. O companheiro sentiu-se muito aliviado e o benfeitor complementou:

– A mente encarnada é uma antena receptora de energias que a cercam. Daí a importância de vigiar os pensamentos para reciclá-los no bem. Uma ideia simples pode se fazer bem maior quando fomentada na dúvida, no medo, no mal, na ignorância. É o autoconhecimento que liberta o homem desses males.

– Enquanto estiver em estado de vigília, a criatura encarnada deve ficar atenta para que seus atos gerem obras no bem e seus pensamentos se firmem em vibrações de aceitação e amor.

– Principalmente quando envolve a sensibilidade mediúnica, deve-se ter muito cuidado, pois aí as situações se multiplicam, já que essa sensibilidade deixa tudo no superlativo. Uma pequena dor se transforma, aos olhos do médium, em um grande sofrimento. Uma tristeza se transforma em uma melancolia profunda.

– O organismo mediúnico amplia tudo, por isso, é tão importante que o médium esteja ligado por tempo integral aos seus estudos doutrinários e às tarefas do bem.

Melhorando as condições do medianeiro, seguimos juntos para nossa colônia. A viagem não demorou mais que cinco minutos. Eu perguntei ao médium como ele se sentia agora e ele me respondeu:

– Estou bem, graças a Deus. Se não fosse o auxílio dos amigos, talvez fosse impossível para nós a tarefa da mediunidade. Por aqui, desdobrado, sem os limites do corpo físico, temos maior consciência e razão. Mas tão logo nos acoplamos na carne, esquecemos quase tudo e passamos a agir semiconscientes. Então erramos por falta de reflexão e amor por todos.

Não deu para continuarmos nossa conversa, pois chegamos à Colônia. Dirigimo-nos à sala, onde nosso amigo nos esperava acompanhado de outros tarefeiros da casa. Dimas entrou, chamou a todos para a oração e nos disse:

– Companheiros, tenham fé. Nossa real intenção é prestar auxílio.

– Temos apenas duas horas, pois o companheiro da Terra deve retornar. Vamos ouvir tudo com atenção e amor, e perguntar somente o necessário.

A partir daí, ouvimos somente o som de uma doce melodia orquestrada por anjos. O períspirito do médium iluminou-se como se ficasse fluorescente. Sua feição mudou e seus traços tomaram contornos femininos. Os cabelos alongaram-se, os lábios tornaram-se finos, os olhos azulados, as mãos delicadas e a voz diferenciada, que tinha quase o timbre original do hóspede das esferas superiores. Um perfume delicioso chegava até nós e, sob uma sensação de muita paz, a entidade iluminada falou:

– Meus irmãos, que a paz do Senhor envolva a todos. – disse, olhando para todos nós; e referindo-se ao filho do coração disse:

– Meu filho, Deus o abençoe. Sei que tudo aqui é novo para suas lembranças, embora tenha desencarnado dezenas de vezes.

Mas está bem amparado. Sei da sua saudade e do seu amor puro. Afirmo que estou ao seu lado sempre, mesmo você não podendo me ver, pois seus olhos estão acostumados aos limites da matéria.

– Aproveite, meu querido, para crescer. Você conta com o auxílio de muitos amigos. Se estou aqui hoje, falando-lhe através de um médium, é porque meu períspirito já não tem mais contornos visíveis para você. Mas a bondade do Senhor nos concede recursos para que estejamos nos falando.

– Não se preocupe, estamos todos interligados por fios muito tênues de amor supremo. Confie. A prática do amor sempre será a nossa melhor intenção. O espírito, sendo eterno, leva consigo para onde for as impressões que experienciou em suas várias existências.

– Eu sou sua mãe. Em nossa última existência, pudemos gozar da alegria de estarmos reunidos na mesma família, na qual meu corpo físico originou o seu. Mas antes, muito antes, no mundo dos espíritos, livres da matéria grosseira, já nos amávamos dc forma fraternal.

– O que acontece aqui, neste momento, é o reencontro. Não somente de mãe e filho, mas sim de almas afins que se amam através dos muitos séculos vivenciados. Juntos, atravessamos a Idade Média, as aflições das Cruzadas, os horrores da Inquisição, o martírio dos indígenas das Américas, o sofrimento dos afro-brasileiros durante a escravidão. Um oferecendo força ao outro.

– É questão de tempo para que possamos novamente conviver no mesmo plano das emoções verdadeiras. É o amor, que conheceu a renúncia, que nos une. O amor, que soube perder de momento e ganhar mais tarde, que nos dá ânimo. Suas ideias ainda dormem acostumadas ao corpo de carne, mas logo despertará. Devemos confiar em Deus.

– Por agora, descanse junto destes amigos zelosos aos quais lhe confiei os cuidados. Em breve, poderá estar aqui comigo.

O diálogo se estendia. O jovem, desencarnado, ouvia a tudo. A interlocutora, incorporada no médium, cada vez mais assumia sua aparência, chegando a plasmar em torno do medianeiro as vestimentas feminis.

Houve um momento em que a figura do intermediário desapareceu em meio à iluminação produzida pela entidade. Em outro, ela estendeu as mãos do médium e fez brotar sobre ela uma aliança reluzente como a prata. O anel, circundado por argêntea luz, formou-se diante de nós. Ela o ergueu e colocou-o no dedo do jovem, a quem acompanhávamos, e lhe disse:

– Este é o sinal, meu querido, para que possa saber que onde eu estiver você também estará, assim como eu estarei com você sempre.

O contato continuou por cerca de uma hora. Quando terminou, vi o médium, desdobrado, retomar sua aparência e cor.

Dimas veio ao seu encontro, certificando-se do auxílio necessário. Assim que retornou à consciência, o benfeitor lhe disse:

– Muito obrigado, meu irmão. O seu auxílio foi deveras importante. Você serviu de ferramenta para reaproximar duas almas benditas que se amam, diminuindo assim a saudade.

– Convém que agradeça ao Senhor esta dádiva e não se esqueça de orar muito para doar de si sempre mais. Lembre-se que seus insignificantes atos são gigantes ante o mundo moral. Ocupe-se o quanto puder. O bem é uma planta rara que só nasce e cresce quando bem amada.

– Confie em Deus e ame muito. Quando voltar para o corpo que o aguarda na Terra, apenas se lembrará do necessário, ou seja, do que se refere à responsabilidade quanto à mediunidade. Nada de ficar muito lisonjeado. Você cumpriu apenas a sua obrigação de socorrer os que sofrem e doar aos que precisam.

O jovem, nosso amigo, ficou muito feliz com a visita de sua mãe. Seu olhar traduzia isso. Em seguida, o conduzimos para o seu apartamento e retornamos à Terra, acompanhando o médium até o seu corpo adormecido, nos certificando de que ele não pudesse se desviar de sua jornada de retorno. Então eu perguntei ao Dimas:

– Qual o inconveniente de nosso irmão retornar sozinho para casa?

– Temos de nos lembrar, Gabriel, de que nós o buscamos. Então a responsabilidade é nossa. Se algo lhe acontecer, seremos responsabilizados. Por exemplo:

– E se um de seus adversários do passado o encontra pelo caminho e se aproveita da situação para obsediá-lo? Isso é bem possível, pois fora da matéria ambos estão no mesmo plano. As trevas não descansam. É preciso iluminar a alma com luzes do amor. Assim nenhum mal se aproxima.

– Nosso mundo aqui, Gabriel, não é diferente da Terra. Estamos praticamente dentro do Umbral. Só não o sentimos, porque nossas ideias já se ligam a interesses mais adiantados. Mas qualquer queda moral pode nos levar para a escuridão do nosso próprio interior.

– Quando falo queda moral, me refiro ao desinteresse de si mesmo pela causa do bem, pois as atribuições positivas, adquiridas no decorrer das existências, estas não se perdem mais. Podemos esquecê-las pelo pouco uso, mas permanecerão latentes no espírito.

As explicações do mentor não podiam ser mais claras. Quando chegamos ao quarto, onde dormia o corpo físico do companheiro, ele fez um pedido ao amigo espiritual:

– Você sabe que amanhã poderei ter um dia bastante difícil. É possível o senhor me ajudar?

– Não se preocupe tanto. – respondeu o mentor amigo.

– Tudo vai passar. Não se aborreça por questões tão insignificantes. Mantenha-se ligado ao bem que reconhece como verdade e vida. Confie em Deus e pratique o bem. Mas, se isso o fará ficar mais tranquilo, eu irei lá e orarei junto de você.

– Sou seu amigo, farei isso com amor, mas não pense que posso estar ao seu lado o tempo todo. Você sabe que não posso interferir em suas provas, nem fazer por você seus deveres de espírito eterno. Concentre-se em seus interesses positivos e exercite o amor, pois com paciência, ternura e assertividade não haverá problema que resista. Tenha bom ânimo. Deus está com você.

Mais calmo, vi o medianeiro, desdobrado, deitar-se sobre o próprio corpo físico que, como se fosse uma veste, o recebeu.

Vi ambos, unidos, se contorcerem na cama. Dimas e eu fizemos uma prece por ele e por seu lar, e retornamos para a Colônia, onde deveres importantes aguardavam meu benfeitor. Eu também fui me deitar, afinal, aqui eu ainda necessito de pelo menos algumas oras de sono tranquilo. Não tenho um corpo físico para relaxar, mas tenho uma mente que precisa repousar, devido à nossa proximidade com a Terra. Ainda guardo impressões bem materiais. O que vai desaparecer com o tempo, segundo Dimas.

O AMOR EM EXERCÍCIO

ASSIM COMO OS ENCARNADOS, NÓS, OS ESPÍRITOS DESENCARNADOS, TAMBÉM VISITAMOS OUTROS LUGARES PARA COLHER APRENDIZADO E AMOR. Só se reconhece a lição de fé e de amor em essência quando se tem um contato mais estreito com estes dois sentimentos, pois não há amor sem sacrifício pessoal.

Acompanhando nossos mentores amigos, seguimos com eles até uma casa de muitas bênçãos, onde pudemos comprovar lições de profunda elevação espiritual.

Chegamos pela manhã. Os tarefeiros encarnados trabalhavam na higienização do salão, onde companheiros seriam recebidos para as tarefas do dia.

A sala singela não guardava em si sinais de mobiliário extravagante, pelo contrário, tudo inspirava simplicidade. Paredes ricamente decoradas com frases de efeito moral e retratos de companheiros ilustres que há séculos vinham colaborando com a Doutrina Espírita.

As salas que se repartiam ao lado congregavam os mesmos contornos, direcionando trabalhos para os tarefeiros da casa. O jardim formado à porta da casa nos dava a impressão de estarmos em nossa colônia. As hortênsias azuis desabrochavam em perfume e beleza, lançando ao redor radiações de paz. Os caramanchões cobriam a entrada, abraçando os que passavam por baixo. Pequeninas e delicadas flores formavam colorido tapete sobre o solo. Gigantesca árvore estendia sombra e majestade à entrada da iluminada instituição.

Às 9 horas em ponto, começaram as preces e palestras que formam o corpo de estudos da casa. Às 8h50min, vi chegar uma senhora distinta, amparada sobre uma cadeira de rodas. Não deixava de espalhar alegria e simpatia. Cumprimentou a todos sorrindo festivamente. Vi muitas luzes ao seu redor e perguntei ao Dimas:

– Quem é esta senhora?

– Esta é a dirigente da casa. – respondeu o amigo, demonstrando grande emoção ao vê-la.

– Está na direção há muitos anos. É sobrinha do fundador desta instituição, pois, quando ele desencarnou ainda jovem, sua mãe, avó desta nossa amiga, continuou suas tarefas no Culto do Evangelho no Lar e, mais tarde, criaram este lugar de bênçãos tornando-o referência no Planeta. Por aqui, Gabriel, passam milhares de espíritos, em busca de consolo e amor, crescimento e desprendimento.

– Nossa irmã tem 89 anos e participa ativamente das tarefas. Todas as manhãs, ela está aqui para o Culto do Evangelho, começado há um século por seu tio, espírito de altíssima elevação, um dos Patronos do Espiritismo no Brasil. As luzes que você vê junto dela são emanações de seu puro amor. Ela comparece aqui unicamente interessada em servir. Já abandonou os interesses brotados no orgulho e no egoísmo, fazendo pairar sobre si vibrações sutilíssimas de amor incondicional. Vamos acompanhar os estudos que vão se iniciar.

Como marcado, às 9 horas em ponto, as tarefas se iniciaram. Delicada prece foi proferida por lábios educados na razão e moldados no amor. *O Evangelho Segundo o Espiritismo* nos deu como lição a Parábola dos Talentos e foi lido por uma bondosa senhora.

Em seguida, um companheiro, encarnado, se levantou para comentar a lição. Ele estava envolvido por uma luminosidade ímpar. Nesta hora vi Dimas, nosso benfeitor, se aproximar dele, que lhe serviria de médium para aquela manhã, e, ligando-se aos seus plexos, insuflou sobre ele suas ideias, as quais somadas às do tarefeiro fizeram referência à mediunidade e às suas necessárias responsabilidades, como transcrevemos aqui o resumo:

– Meus irmãos, a mediunidade não é um "dom" gratuito. – dizia o médium, influenciado pelo mentor.

– Antes, é uma bênção do Céu que cresce conosco, acompanhando nossa evolução. É a fôrma que molda o metal encanecido de nossos pensamentos, atraindo companheiros para nosso campo pessoal, segundo as vibrações que nutrimos. Somos responsáveis por ela, por seu crescimento e por seu uso adequado.

– A mediunidade está ligada às nossas tarefas junto à Terra, garantindo crescimento ao nosso amor, pois, sendo puramente doação, nos põe diante do necessitado de toda ordem, e, mostrando-nos os vários planos da vida, nos permite auxiliar numa abrangência maior.

– Muitos podem imaginar que ser médium é ser sacrificado todo dia, mas, na verdade, ser médium é consolidar leis de amor universal. É estar firme na fé. É abraçar com ternura, quando as palavras nada puderem expressar. É chorar junto, quando nada mais puder ser feito.

– O compromisso mediúnico requer disciplina e renúncia, coragem e paciência. Quem busca na mediunidade status ou um modo de se destacar ainda não compreendeu o real sentido das palavras de Jesus: *"Dai de graça o que de graça recebestes"*.

– Não pode haver na mediunidade nenhum tipo de pagamento monetário ou de favorecimento. Todo médium que se preze, espírita, deve trabalhar para seu sustento. Vigiar suas reais necessidades e nunca ser desligado dos melhores interesses morais.

– Receber um livro é bem mais fácil do que sustentar moralmente as informações contidas nele. Hospedar um companheiro desencarnado em seu ninho físico é bem simples, perante a necessidade de se fazer uso das palavras que profere por seus lábios. Quem procura servir na causa do bem, por meio da mediunidade, deve reconhecer primeiramente em si a necessidade real de evoluir todos os dias.

A palestra seguiu por cerca de 40 minutos. O médium, sustentado pelas ideias do mentor, discursava com maestria. Pelo que pudemos constatar, ele é um homem de muitos valores morais, o que contribui muito para esta tarefa.

Ao final, foi feita nova prece, enquanto o passe era ministrado. Na frente do salão, vários tarefeiros encarnados da casa doavam energias a quem precisasse. Eles permaneciam de olhos fechados durante a prece e, desdobrada, vi nossa amiga dirigente deixar o corpo e, consciente, caminhar no meio das pessoas encarnadas, aplicando-lhes passes de reconforto. Vi também um fenômeno muito interessante:

Ela anotava os pedidos dos irmãos através da prece. Em alguns, demorava um tanto mais. Com outros, que também estavam desdobrados, ela dialogava para elevar-lhes a autoestima. Aqueles mais concentrados, cujo merecimento permitia, ela estendia ainda mais a fala. Anotamos aqui um desses diálogos:

– Minha irmã, estou sofrendo tanto. – falou uma irmã que estava desdobrada na sala.

– Meu lar está tão desorganizado e, por mais que eu tente, não consigo equilibrá-lo. O que posso fazer, irmã? A senhora pode me ajudar?

– Deus pode ajudar a todos. – respondeu a senhora dirigente.

– Antes, porém, devemos confiar Nele, que não dá fardos superiores à força de cada um. Recorde os esforços de Nossa Mãe Santíssima e aja como Ela que, sozinha na vida física, não deixou de crer no Pai e amar a todos.

– Se o seu lar se converte em azedume, adoce-o com sua paciente razão. Concentre sua atenção em seu lar, priorizando aquilo que considerar mais complicado. Faça tudo por partes. Primeiro, ouça cada um dos membros de sua família, dando oportunidade para que todos se expressem a seu modo e, se possível, diga-lhes dos compromissos que cada um deve ter dentro de um lar.

– Oriente-os de modo calmo, sem transferir exigências que são pessoais. Não deposite sobre ninguém a responsabilidade de sua falta de felicidade. Afinal, se está ligada a eles, algum motivo superior há. Peça a Deus com fé e ame-os ainda mais. O coração sustentado no Evangelho do Senhor cresce e vence a tudo, principalmente nas questões interiores.

A médium, desdobrada, estendeu a mão sobre a cabeça da sofredora senhora e, como se lhe arrancasse a mágoa, fez rolar dos seus olhos lágrimas de gratidão e respeito, alívio e satisfação, amando assim aquele lugar para sempre.

Um pai que tem um filho no nosso Plano, emocionado, perguntou sobre ele. Queria saber como seu filho estava e pediu à médium para que cuidasse dele, e a companheira respondeu:

– Meu querido, tenha calma. Seu filho está muito bem. Não se esqueça de que, antes de ser seu filho, é filho de Deus, que é nosso Pai perfeito. Não se prenda aos conceitos da matéria, onde os olhos registram muito pouco.

– Seu filho trabalha neste plano e segue feliz nessas paragens. Sua dor pode ser a da saudade, sem prejuízo para ambos, mas não deve ser a da inconformação e da dúvida que danifique sua fé e a coragem de seguir adiante.

– Se você adotou a Doutrina dos Espíritos como verdade, deve crer que a morte é unicamente um fenômeno material. Veja, tanto eu como você estamos fora da matéria e gozamos de liberdade de raciocínio. Sua lucidez é tão mais real do que nos momentos de vigília no corpo físico. Acalme-se. Não deixe as ideias menos felizes afastá-lo do bem que já alcançou.

A conversa prosseguiu, e o pai sentiu-se bastante aliviado. A senhora dirigente fez com que ele relembrasse quadros da infância feliz do filho, reforçando-lhe a ideia de eternidade.

Adiante, um jovem candidato à mediunidade emocionou-se ao registrar a presença das entidades angelicais, e com grande respeito perguntou à trabalhadora do bem:

– Vendo toda esta manifestação de amor e diante das responsabilidades, a senhora crê que eu tenha condições de seguir em frente? Será que tenho perfil adequado?

– Certamente que sim! – falou a senhora.

– Todo aquele que queira servir é bem-vindo na seara do Senhor. Se você obedece aos rigores aos quais a mediunidade se destina, será muito bem aproveitado, pois, apesar da mediunidade pertencer ao organismo humano, ela serve unicamente aos propósitos do bem, sem outras indicações menos felizes.

– Se o seu coração se ajusta aos valores evangélicos, encontrará uma bendita lavoura a ser cultivada e assim estará cuidando de todos aqueles que o rodeiam. E o papel mais adequado na obra de Deus sempre será o da obediência racional, que traz a evolução através de Leis de Amor.

– Sei que tenho faculdades desenvolvidas, mas ainda me custa acreditar. Como lidar com isto? – perguntou novamente.

– A dúvida é natural em quem não se conhece, daí a importância do estudo. – explicou a companheira do bem.

– Se dúvidas lhe acometem o espírito, será o estudo a sua chave libertadora. Comece estudando a si mesmo, seus valores, seus atos, seus modos, suas intenções e assim conseguirá avaliar o nível das entidades que o cercam. E, se lograr um bom resultado, certamente poderá ser um trabalhador hábil da mediunidade. Lembre-se de que os pensamentos vindos de fora são registrados pelo sistema mediúnico, mas não são criados por ele.

– Quando você conhecer suas próprias intenções, saberá o que lhe pertence e o que é dos outros.

A companheira de todos continuou atendendo às necessidades dos circunstantes, quando o orador encerrou sua palestra junto com o benfeitor que o inspirava. Uma prece foi elevada ao Alto e tamanha foi a rogativa que imensa luminosidade se formou no recinto, como se espessa nuvem de gazes vaporosos se formasse, e ali, diante de nós, surgiram três figuras iluminadas.

Traziam na face a doçura dos que amam igualmente a todos os seus irmãos e compreendem sua pequenez. Abraçaram as pessoas que estavam mais próximas deles, cujas vibrações alcançavam e, sem muitas palavras rebuscadas, nos cumprimentaram.

Dimas, nosso instrutor, abraçou as gentis criaturas que espargiam luzes variadas, e falaram entre si. Uma conversa que não pude ouvir. Apenas registrei o amor que delas nascia. Depois, se posicionaram de mãos estendidas e direcionadas ao público encarnado e desencarnado, e fachos de luz, partindo de suas mãos e tórax percorriam todo o ambiente, procurando algo que eu não podia perceber.

Depois, Dimas me disse que aquelas ondas de energia bendita buscavam aliviar dores correspondentes à necessidade de cada um, atuando como um remédio adequado. As pessoas não podiam ver tudo que acontecia por ali, mas sentiam-se extremamente abençoadas. Quando terminaram, voltaram-se para a diretora da casa e, segurando suas mãos, o que parecia um ato mais elevado, a entidade luminosa lhe falou:

– Tenha fé, minha irmã. Continue firme. Seu trabalho deve ir além dos interesses comuns. O exemplo de boa vontade supera muitos desejos substanciosos. Caminhe no silêncio, exaltando a bondade de Deus e Jesus. Seja fiel aos postulados de Kardec e nunca desista da própria felicidade, pois, sem esta busca, o espírito reencarnado murcha, em detrimento da evolução íntima. Nada tema. Ame sem medo, pois nós estamos com você. Vamos confiar em Deus e tudo caminhará sob alegrias cristianizadas.

Em seguida, todos desapareceram na mesma névoa que os trouxe. O recinto ficou repleto de delicioso perfume que dispensava qualquer comentário. Dimas abraçou-me e então pude perceber lágrimas de amor rolarem de seus olhos, marcando como cristais seu rosto angelical. O amigo tinha o coração descompassado, como se tivesse sido atingido por vibrações de altíssimo teor espiritual. Então ele me disse:

– Gabriel, meu filho, quando será que poderemos ter méritos nascidos no bem para agradecer ao Senhor tantas bênçãos?

– Estar diante de espíritos tão elevados vai muito além do nosso merecimento. Somente a misericórdia de Deus para nos dar tão grande "graça". O tempo é fantástico mecanismo de Deus que se amplia infinitamente, sem perder os milésimos dos segundos. É o Pai nos concedendo longo espaço de tempo para as emoções felizes.

– Nestes poucos minutos, pudemos registrar no espírito a grandeza de um Pai justo, amoroso e de uma felicidade imorredoura, alicerçada nas boas obras. Somos felizes, meu amigo. E com certeza relembraremos para sempre tais momentos de elevação espiritual.

– Vamos confiar, meu querido. Nada pode dar errado na programação do Senhor em relação à nossa evolução.

Toda aquela emoção também tinha sido registrada por mim, segundo as minhas percepções. Em seguida, fomos com os outros tarefeiros para aprendermos a servir um pouco mais. Mas, enquanto andávamos rumo ao trabalho, fui refletindo. Pensei em meus pais e agradeci a Deus a oportunidade de eles estarem também por ali, embora não pudessem ver o que víamos.

Com certeza, sentiram a grandeza daquele singelo culto no lar. Isso me dá grande alívio para o espírito, pois, se eles estão buscando crescer, estão garantindo paz e evolução no futuro, e certamente serão felizes.

O amor, que continua a crescer também "deste lado" da vida, não deixa que sejamos afastados dos nossos alvos afetivos. Eu sou muito feliz. Já ouvi meu pai dizer que a minha desencarnação salvou a evolução da nossa família, e eu digo que o modo com que eles conduzem sua existência na Terra me impulsiona a crescer, sem medo, neste Plano, pois não me trazem nenhum tipo de preocupação.

Eu os amo muito e agradeço a Deus todos os segundos pela oportunidade bendita que tive de renascer e ser educado ao lado de almas tão afins. Isso somente o amor verdadeiro pode explicar.

Lições de Vida Eterna

Sempre que possível, após ter me desvencilhado das amarras das emoções menos elevadas, eu acompanho o companheiro e amigo Dimas em suas tarefas junto à crosta, nas quais ele dirige um grupo de trabalhos psicográficos. E, obedecendo à disciplina que lhe é característica, sempre chega antes para melhor organizar as tarefas que se seguem.

Neste particular, quando lá chegamos, a instituição já estava lotada. Outros tarefeiros da própria casa trabalhavam fazendo anotações necessárias, aplicando passes reconfortantes, ouvindo pedidos e atendendo às necessidades urgentes. Eu vi aquele aglomerado de pessoas e perguntei ao benfeitor:

– Dimas, todas estas pessoas vão escrever hoje?

– Não, apenas irão psicografar aqueles que se adequem à necessidade da família ou que o merecimento alcance tal obrigatoriedade, e também aqueles que conseguem escrever abrangendo um grupo maior de pessoas. – respondeu o amigo.

– Aqui, Gabriel, a tônica é o amor verdadeiro. Ninguém escreve por simples interesse ou orgulho. Somente irão atuar na psicografia aqueles cuja boa vontade atinja um bem maior. Nossa medida é o "grau de dor" ou a "informação coletiva".

É neste mister que nos movimentamos "deste lado", principalmente num lugar onde todos desejam se expressar perante os familiares queridos.

Compreendi a resposta do instrutor amigo e segui com ele para o local onde estaria o médium. Lá na frente do salão, próximo à pequena mesa, ele estava falando com algumas pessoas encarnadas. Logo pudemos perceber que eram amigos dele, pois a conversa se desenrolava com simplicidade e alegria.

Ao detectar nossa presença, ele sentiu na própria alma uma emoção diferente da sua. Era a impressão do mentor, pois seus fluidos tocaram os sensos emotivos do tarefeiro. Dimas se aproximou dele e lhe disse ao ouvido:

– Boa tarde, meu irmão! Estamos prontos. Podemos começar a atender os irmãos encarnados. Antes, peço a você que se mantenha vigilante. Procure não misturar seus pensamentos com as energias emanadas dos que certamente hão de lhe cobrar alívio, sem estarem prontos para receber.

– Concentre-se apenas na ideia de colher informações e orar por eles. Deixe que nós tratamos das questões de suas infelicidades. Deposite sua fé em Deus. De nossa parte, cabe o amor e a renúncia de si mesmo. Não estamos aqui para julgar, mas sim para estender bênçãos que nascem no amor de Deus por seus filhos.

O médium registrou tudo e em seu íntimo ficou a sensação de amparo e luz. Então perguntei ao amigo Dimas:

– O companheiro médium ouve você com exatidão e consegue lhe ver?

– Na maioria das vezes, a mediunidade é uma força íntima. Seu perispírito, devido ao tempo de nossa ligação, já reconhece a presença do meu. Muitas vezes, para que haja o contato entre nós, não é necessário que estejamos próximos. Eu posso influenciá-lo mesmo a longas distâncias. É uma sintonia nascida na confiança e no tempo, pois, se não houver confiança, nosso trabalho não acontece.

– É necessário confiar um no outro, assim como você o faz. Sua visão é limitada, pois a clarividência depende mais do espírito que deseja se mostrar do que do médium que deseja ver. A questão é de movimentação de fluidos, ou seja, com maior ou menor intensidade. Devemos saber se é realmente necessário se fazer visível para o médium, pois para muitos a visão serve apenas para estimular o orgulho e a vaidade pessoal de ambos.

– Aqui, o que realmente vale é o amor, o respeito, a atenção. Vamos acompanhar essas tarefas. Veja, Gabriel, que o aparelho mediúnico registra muito mais pelas impressões do que pelos ouvidos. Repare que um halo de fluidos o envolve, tornando-o um instrumento receptivo. Ele não recebe influência somente dos desencarnados, mas também dos que moram na Terra.

Neste instante, uma senhora se aproximou do médium. Trouxe nas mãos uma ficha contendo os dados para que ele se conectasse com as energias do desencarnado. Ali estava escrito o nome completo do desencarnado, a idade que tinha quando deixou o corpo denso, o tempo em que está fora da matéria, os nomes dos pais, filhos, avós, netos, somente os primeiros nomes, e a causa da desencarnação. São informações suficientes para que a ligação aconteça.

A senhora, muito entristecida, trouxe o nome do irmão desencarnado há 16 anos, devido à cirrose hepática causada pelo alcoolismo. O medianeiro atendeu-a com simpatia e lhe falou do amor de Deus. E, inspirado pelo instrutor, disse-lhe que, segundo as palavras de Chico Xavier, *"o telefone toca de lá para cá"*, ou seja, depende dos desencarnados a comunicação, mas cabe a nós estarmos preparados intimamente para ficarmos prontos para ouvir o que precisamos.

Disse a ela que, antes de buscar uma mensagem familiar, deveria estudar para absorver noções da espiritualidade e que, estando familiarizada com o mundo dos espíritos, seria mais fácil aceitar a partida momentânea daqueles que amamos.

Ela ouviu com atenção, mas seu estado depressivo, que tinha outras causas não avaliadas ali, fez com que ela pouco absorvesse. Ela saiu com os olhos rasos d'agua e foi conduzida para a câmara de passes, com a finalidade de reabastecer as forças íntimas. Então eu perguntei ao Dimas:

– Como fica a mensagem neste caso?

– Verificaremos com profundidade a questão. – respondeu, me esclarecendo.

– Nosso irmão, possivelmente, não se encontra em nenhuma colônia, devido à causa de sua desencarnação. Como ocorre com a maioria dos que deixam o corpo nestas condições de alcoolismo, ele deverá permanecer ligado aos mesmos interesses mundanos, não atingindo esferas de recuperação imediata.

– Veja que ele não se encontra por aqui, no entanto, como era morador desta mesma cidade, deve estar perdido em alguma ligação menos feliz. Neste caso, tarefeiros nossos irão verificar onde ele está e, se possível, ajudá-lo, oferecendo auxílio e conforto íntimo. Mas creia que cabe a ele decidir o que deseja para a sua vida. Porém, uma coisa é certa, ele não transmitirá nenhuma mensagem via psicografia nesta tarde.

Fiquei pensando nas oportunidades perdidas. Uma chance

dessas de se comunicar com os familiares, e ele jogando-a fora. Que pena!

Adiante, outra jovem se aproximou, chorando a ausência da mãe desencarnada há três anos. Trazia consigo a fotografia da genitora e, envolta de amor elevado, carregava o coração em prece. Balbuciou palavras de desconforto. Entregou a ficha e, naquele instante, vi uma senhora distinta atravessar o corredor e se aproximar de nós dizendo ao Dimas:

– Sou Laura, a mãe de Antonia. Se possível, gostaria de escrever a ela. Há dias a estou inspirando a procurar por este auxílio. O senhor acha possível? – perguntou, sem rodeios.

– Vamos analisar o caso. – respondeu o responsável pelas tarefas.

– Pelo que vejo, sua ficha é bastante extensa na obra do bem. Nesses três anos por aqui, dois foram dedicados às tarefas na colônia que a abriga. Isso é muito bom!

– Com certeza, possui créditos que lhe granjeiam condições favoráveis à transmissão da mensagem. Mas vamos ver agora a sua filha. Sabe que é necessário o merecimento de ambas as partes, pois somente lágrimas, sem os sentimentos renovadores, não alcançam nada aqui.

Dimas olhou a jovem como se auscultasse seu íntimo e acrescentou:

– Sua filha traz no peito grandes dores. Tem carregado uma cruz bastante pesada no seio da família que a alberga, mas sua fé é poderoso auxílio gerador de forças que a faz seguir adiante sem desistir das tarefas assumidas. Tenho certeza de que merece seu auxílio.

– Peço apenas à senhora que redija a carta para que possamos analisá-la antes da transmissão. Contudo, não se esqueça de falar do bem e do amor de Deus em nossas vidas. Não se prenda ao particularismo inútil. Eleve suas palavras para que ela se sinta amparada por longo tempo e sua mensagem lhe sirva de amuleto de transformação pessoal.

– Sim. – respondeu a senhora, com olhar agradecido.

– Vou escrever agora. Desde já agradeço pela oportunidade. Vou dar o melhor de mim. Certamente fará muito bem a ela.

Tudo isso aconteceu em poucos minutos e eu percebo que, nessas horas, o tempo é escasso e não há vazão ao desperdício verbal. A jovem falou com o medianeiro, sentiu a presença bendita da mãe e registrou em seu interior uma sensação de paz. Ela saiu e em seguida veio outra que, da mesma forma, chegou emocionada.

Atendida pelo médium, falou da sua dor, pediu conselhos. Ela tinha um filho jovem na espiritualidade e tentava ali a primeira mensagem. Inexperiente no assunto, sem formação espírita, tudo para ela parecia novidade. O médium falou-lhe da vida fora da matéria, indicou as leituras edificantes. Os trabalhadores de "nossa esfera" de ações aplicaram-lhe passes de reconforto, induzindo-a a ter pensamentos de confiança em Deus.

Logo ela se sentiu mais reconfortada. Seu filho tinha vindo conosco de nossa colônia. Tudo já estava preparado para que ele escrevesse. Ele estava ansioso, pois não tínhamos certeza de que a mãe iria comparecer à reunião. Após a consulta, ele ficou aliviado. Tinha os olhos marejados, mas estava pronto para escrever. Havia estudado conosco e sua carta estava pronta e revisada. Quando se ligou ao médium não teve nenhuma dificuldade, pois tinha confiança nele, e falou com fé:

– Graças a Deus! Agora minha mãe saberá que estou bem.

A ideia de que ela acredita que estou "morto" me causa grande pesar. Eu sei que antes eu também pensava assim, mas hoje, vivendo outra realidade, aprendi que estive muito errado quanto aos contornos da Vida Eterna.

– É isso mesmo. – falei, incentivando-o.

– Continue firme, diga o que sente para ela, pois ela saberá registrar seu amor inconfundível. Sei bem o que sente agora. Já atravessei esse momento e lhe digo que é muito satisfatório. Confie, tudo vai dar certo.

Ele não tinha dúvidas e, aconchegando-se ao medianeiro, transmitiu seu pensamento, materializando no papel a força de seu amor, tangível em doces palavras.

Quando o tarefeiro leu a carta para a mãe dele, ela chorou de alegria e, de imediato, reconheceu o filho amado. Para ambos foi uma alegria íntima muito grande, embora por fora tudo parecessem lágrimas.

Foram lidas todas as outras mensagens. Ao final da reunião, nosso benfeitor aproximou-se ainda mais do médium e, como se o vestisse, envolveu-o com seus fluidos amorosos fazendo-o sentir seus pensamentos. Fez a prece de encerramento dizendo:

"Senhor Jesus, Mestre Bendito de nossas vidas, gratos que somos por tuas intervenções amorosas, nos entregamos ainda mais às tuas bênçãos. Assim, Senhor, faça de nós instrumentos de tua paz, levando-nos a espalhar por toda a parte a luminosidade de teu coração excelso. E, onde a tristeza firmar raízes, dá-nos força para extirpar tal mal, levando o consolo da crença no futuro. E, para aqueles que mergulham na dor da incompreensão, redobra-lhes a fé, fazendo nascer em suas mentes a superação interior por meio do pensamento positivo. Para os enfermos do corpo, oferece-lhes

o bálsamo da esperança. Para os doentes da alma, cura-lhes o coração cansado. Para os desesperados, envia-lhes a calma por meio da paciência nascida nas boas obras.

Cremos, Senhor, que sabes de todas as nossas necessidades, mas enquanto te pedimos, automaticamente, refletimos sobre cada uma delas, possibilitando crescimento maior. E ante tudo aquilo que nos faça sentir pequenos, estende tuas mãos para que nos reergamos na luz da fé.

E mais uma vez dizemos: muito obrigado, Jesus.

Que assim seja. Graças a Deus."

O público, com os olhos cheios de discretas lágrimas, estava mais equilibrado e, enquanto um a um saía, tarefeiros daqui acertavam detalhes importantes, deixando o ambiente esterilizado para a próxima tarefa, pois os pensamentos nocivos deixam o padrão vibratório do salão repleto de ideoplastias[35] que podem ser prejudiciais a outras tarefas da casa. O pensamento sem educação moral é perigosa arma do homem menos evoluído.

Quando voltávamos para casa, Dimas me falou:

– Seria muito bom se os encarnados pudessem perceber o mínimo dos esforços que Deus reserva para sua evolução. Assim, se conscientizariam do quanto são amados e cuidados pelo Pai que os criou. São cuidados redentores, nos quais incansáveis tarefeiros trabalham no invisível para que a evolução atinja um mínimo necessário. Os encarnados são almas infantis fazendo

35 **Ideoplastia:** [do grego *idéa* = ideia, aparência + *plásso* ou *plátto* = modelar + ia] 1. Modelagem da matéria pelo pensamento. 2. A materialização do pensamento, criando formas que às vezes se revestem de grande duração, conforme a persistência da onda em que se expressam.

'birra' diante daquilo que não conseguem ainda vislumbrar, como se nada fosse feito em prol do sucesso deles.

Refletindo sozinho, reconheço que nada nos falta para nos sentirmos felizes, e o que nos magoa ou machuca é em decorrência de nossos próprios atos. É como aquela insistência ignorante[36] de pôr o "dedo" na tomada, mesmo sabendo do risco de tomar um choque. Somos todos bem pequenos, em termos de grau evolutivo.

Confesso que a desencarnação está me conferindo crescimento. Hoje penso que não há o que temer, pois temos um Pai justo que nos envia tudo que precisamos. Não para satisfazer nossos caprichos ou para consertar nossos atos irresponsáveis, mas para que, com as provas, possamos despertar para a verdade pura do Seu amor.

Obrigado, meu Pai! É apenas isso que eu posso Lhe dizer.

---

36 **Ignorância:** [do latim *ignorantia*] 1. Estado da mente em que não formula qualquer juízo acerca de um objeto. 2. Falta de instrução ou de saber. 3. Carência de conhecimento devido.

eternidade...

Amor e eternidade

Por mais de 30 dias, ficamos sem psicografar as notícias dos livros. E a saudade, como sempre, vai penetrando nosso interior, amolecendo o coração. Neste plano de ideias fecundas, tudo nos leva para a frente.

Estou estudando em uma "Escola de Médiuns", onde me matriculei seguindo orientações do meu benfeitor Dimas, pois é necessário que eu aprenda os mecanismos íntimos dos intercâmbios entre as várias dimensões que circundam a Terra.

Estou me esforçando ao máximo, pois desejo repassar as lições que absorvo aqui para os amigos medianeiros que moram na Terra. E já posso afirmar que muita coisa mudou. Minhas percepções se ampliaram muito. Minhas observações são mais precisas.

Hoje, quando toquei a mão do médium, senti algo alcançar minha mente, como se aquela fosse a porta para outro ambiente. Uma satisfação me tomou por inteiro. Quando meus pensamentos se uniram aos dele, pude sentir o pulsar da vida orgânica.

Era como se o seu coração pulsasse dentro de mim e, por milésimos de segundos, eu não sabia afirmar onde terminavam os pensamentos meus e onde começavam os dele. Tudo se fundiu instantaneamente e, impulsionado pela minha ou nossa vontade, as letras surgiram céleres no papel. Um bem-estar imenso me invadiu, como quando dois grandes amigos se encontram depois de longa data.

Seu estado emocional ajustou-se ao meu e viajamos pela memória, buscando lembranças das experiências "neste outro plano" de vida eterna. Então passamos a visualizar um quadro de uma imagem mental que nos trouxe à baila um diálogo entre mim e meu instrutor, referente à reencarnação no planeta Terra:

– Estou feliz por Wander! – eu disse ao amigo.

– Fiquei sabendo que ele vai para outra colônia se preparar para a reencarnação.

– É verdade, ele deve retornar em breve. Tarefas de socorro familiar o aguardam por lá. – confirmou Dimas.

– E se não der conta de cumprir o que programou? – perguntei, interessado.

– Certamente obterá bons resultados. Wander está conosco há mais de 20 anos. Está preparado o suficiente para o retorno, e ainda irá estudar mais algumas coisas para se fortalecer. O retorno à crosta sofre inúmeras influências, inclusive as do meio onde viverá.

– Terá de nascer numa localidade paupérrima do norte de Minas Gerais, onde seus futuros pais recém-casados residem hoje. Wander será o primogênito. Depois dele, reencarnarão mais seis amigos como irmãos seus, sendo um deles ex-adversário dos futuros pais.

– Dimas, como será o relacionamento dos futuros pais com esse filho que no passado foi adversário deles? Você acha bom receber como filho um inimigo? – perguntei.

– Eu não usei a palavra "inimigo". – corrigiu-me o Benfeitor.

– No passado, eles tiveram entre si muitos atritos, mas as bênçãos de Deus usou de artifícios transformadores do tempo para curar a ferida aberta que havia entre eles. Assim, poderão aprender a se amar com maior facilidade. Não existe, na programação divina, renascimento de inimigos na mesma família. Quando um adversário reencarna, é sinal de que já aprenderam a se aceitar como irmãos em Cristo. O amor de Deus se verifica por meio de leis sábias que agem invisíveis ao nosso lado.

– Wander sofrerá as provações e privações que o meio lhe oferecerá. Se resistir a tudo, será um vencedor, pois está munido de santas informações que lhe garantem maior assertividade.

– Quando ele renascer, perderá o contato com a nossa colônia? Saberá que amigos o aguardam aqui? – perguntei, interessado.

– No seu íntimo, sim. – falou Dimas com bondade.

– Quantas vezes os seres encarnados acordam pela manhã melancólicos, mal-humorados? É a saudade dos amigos que deixaram em outros orbes. Saem da luz para a penumbra e, ao entrarem em contato com a dura realidade que os aguarda, sentem nas fibras da alma as angústias nascidas na saudade sem controle. Alguns ignoram tal fato. Outros se irritam, blasfemam, mesmo sem saber o que sentem ao certo. Cada um reage segundo a realidade que carrega no rumo da moralidade. O ideal é orar e crer no futuro, para seguir em frente sem medos maiores, arregaçando as mangas no trabalho que edifica a alma.

– Durante o período de gravidez de sua futura mãe e a infância, ele poderá vir nos visitar? – eu quis saber, curioso.

– Se for da vontade dele, sim. – confirmou o amigo.

– A essência divina, que nós somos, busca aprimorar nossas

qualidades, e de modo algum fica aprisionada ao veículo carnal. Ela vibra, buscando seus semelhantes. A infância é um período no qual a alma fica bem mais livre, pois, não tendo os pensamentos construídos no apego material, se dá ao luxo de viver num desprendimento de tudo que for dificuldade ou obstáculos. E, não estando ligada a questões materialistas, permanece em sintonia com seus tesouros morais buscando, com frequência, os laços sagrados de seu coração.

– Quando estiver reencarnado na Terra saberá, no seu íntimo, que estamos aqui prontos para lhe enviar forças para seguir adiante. Ninguém renasce para cair ou se perder, pois, antes que a criatura encontre a queda moral, muitos de seus amigos lutarão para afastá-la do orgulho e do egoísmo, que lhe insuflam veneno e personalismo.

– É pura ignorância do homem crer que caminha só pela Terra, e que permanece intimamente aprisionado na cela fria da solidão com suas dificuldades, pois Deus põe ao nosso lado muitos benfeitores que caminham conosco, fortalecendo nossos passos.

– O amor do Senhor supre todas as nossas necessidades. Não há sofrimento na obra de Deus. Tudo que machuca o homem não nasceu em outro lugar se não na sua própria ignorância.

– Meu filho, vamos aprender a servir mais. Vamos aprender a exteriorizar o perdão e a seguir com disciplina augusta.

– Nossos raciocínios são muito infantis. Nossa parte consciente, visível, é a menor parte de todos nós, e todas as dificuldades que nos rodeiam são tão pequenas quanto nosso modo de pensar.

Recordando tais ensinos, guardei comigo a lição do amor e de sua continuidade por onde trafegarmos. E a esse entendimento damos o nome de Fé. É assim que Deus cuida de nós.

Quando passei este relato para o papel, senti que minha mente se desprendia do medianeiro e eu não conseguia mais transmitir a ele o que recordava, pois ele também se distanciava das minhas visões interiores. Eu ainda sentia seus músculos movimentarem as falanges que compunham a mão que, de algum modo, obedecia à minha vontade.

Terminamos o texto e oramos juntos, nos certificando de que nos encontraríamos mais tarde, por meio do desdobramento, para cumprir tarefas maiores.

Oramos em agradecimento ao Pai Maior, confiando que o amor é a eternidade da vida em toda parte.

amor...

Em outros planos

A eternidade que se estendia diante de mim trazia estudos e amor. Cada lição colhida tem por dom fortalecer-me o espírito.

As atividades ligadas ao auxílio aos enfermos aos poucos nos vão sendo passadas, e as atribuições "trabalhistas" vão aumentando. Mas, semelhante ao que ocorre na Terra, temos também direito ao lazer.

No domingo passado, tive a oportunidade de visitar minha avó, Maria Sônia, que sempre vem me ver, mas eu nunca tinha tido permissão para ir até ela.

Dimas me trouxe a notícia:

– Meu amigo, se quiser, neste domingo próximo, poderá visitar sua avó! O que acha? – disse ele contente.

– Fantástico! – falei, comovido.

– Faz tempo que desejo conhecer a casa dela. Ela já me contou muitas coisas de lá, o que só aumentou o meu desejo de conhecer seu lar.

– Então vou providenciar seu ingresso à colônia em que ela reside no momento. – falou o mentor.

– Você precisa saber que lá o clima de amor é bem elevado

e os pensamentos trafegam na alegria de servir. Você deverá permanecer também elevado, sem se enveredar pela dúvida ou pela falta de fé no Altíssimo.

– Sim, claro. – respondi.

– Ela já me falou muito de como as coisas funcionam por lá. Estou consciente de que tenho de me manter com os pensamentos altruístas. É como você diz, Dimas:

"O pensamento é nossa fotografia no Além."

– Eu quero estar bem apresentável. Uma pergunta:

– Você vai comigo?

– Não, tenho tarefas por aqui. Mas não se preocupe, não precisará de mim, já está "crescido". Além do mais, sua avó cuidará de você com amor redobrado. Fora isso, você sabe que aos finais de semana é quando temos mais trabalho, pois muitos jovens desencarnam. – respondeu o amigo.

– Muitos desencarnes são programados, atestando a lei do determinismo[37], que age segundo as escolhas feitas por nós mesmos antes do reencarne na Terra. Muitos atos considerados imprudentes são frutos do determinismo que se disfarça no seio da vida comum. – continuou Dimas.

– Veja bem, Gabriel, como já estudamos, os espíritos que precisam retornar mais cedo, devido a provações no choque automobilístico, já renascem com a tendência de dirigir em alta velocidade. Isso é bem natural, mas não os impede de ter cautela e prudência na via pública.

– É bastante consoladora esta explicação. – afirmei.

---

37 **Determinismo:** [do latim *determinare* + *ismo*] Teoria que afirma correlações indispensáveis entre fenômenos, um sendo condicionado ao precedente e condicionando os que lhe sucedem.

– Isso responde a muitas perguntas referentes ao retorno de tantos jovens para cá.

A semana passou rápido e no domingo de manhã minha avó veio me buscar.

O Sol despontava dourando as nuvens que o emolduravam, e juntos, eu e ela, pudemos curtir esse espetáculo glorioso.

Vovó me falou do amor incondicional de Jesus, que nos concede tais belezas.

Explicou que, sendo Ele o cultivador do planeta Terra, nunca descansa para que não nos faltem as fragrâncias do bem absoluto.

– Ele vibra amor sobre toda a humanidade, fazendo-a progredir com impulsos de misericórdia e esperança. – ela afirmou com toda certeza e continuou.

– Não fosse esse Seu desvelo, o morticínio sobre a Terra seria ainda mais grave. Os crimes morais ganhariam força sobre os pobres de espírito.

– Sua luz clareia o interior das almas em evolução ligadas ao planeta, fazendo com que o bem tenha força sobre a ignorância.

– O amor augusto do Senhor, Gabriel, é a seiva milagrosa que nos mantém esperançosos quanto à vitória sobre nós mesmos.

O diálogo seguia muito esclarecedor, enquanto volitávamos sobre as nuvens semelhantes a chumaços de algodão.

Nossa colônia já havia saído de minhas vistas e eu não saberia afirmar o quanto já havíamos nos distanciado. E eis que lá adiante surge um amontoado de estrelas.

Luzes cintilantes formavam uma espécie de cinturão energético. Quando nos aproximamos, notei que era uma espécie de proteção que circundava a colônia. Assim que paramos, minha avó deu um sinal, como se conhecesse bem tudo aquilo. Então as luzes se afastaram para que pudéssemos atravessar o pórtico. Quando coloquei os pés no solo, me senti mais familiarizado e falei sem demora:

– Nada como o solo firme. Ainda estou acostumado a ele.

– Não se preocupe, haja com naturalidade. Apesar de este lugar ser bastante evoluído, ainda estamos na mesma dimensão. – falou minha avó.

– Vamos até meu apartamento. São quase sete horas, e já está na hora da prece. Vamos acompanhar.

– Todos os dias, neste horário, alguém, com elevado amor, profere uma prece a Jesus.

– Que bom! O Dimas me diz que a oração é o caminho mais rápido para se chegar a Deus, principalmente se estiver aliada a obras no bem! – falei com entusiasmo.

Quando chegamos ao apartamento de minha avó, vi pequena saleta com poucos móveis, se é que podemos chamar de móveis. O cômodo não tinha mais do que três metros quadrados. No piso, o desenho de uma flor feita em relevo. As paredes brancas com texturas azuladas.

Um aparador, rente à parede, detinha uma jarra cristalina com um líquido que fiquei sabendo depois se tratar de água magnetizada. Então perguntei:

– Vó, vejo que a constituição doméstica aqui é bem diferente. Não vejo cama nem pratos ou outros utensílios. Como funcionam as coisas por aqui? Se puder me responder, é claro!

– Meu filho, à medida que o espírito evolui vai ficando menos denso, assim como tudo que o cerca. Já faz algum tempo que deixei de me alimentar por vias semelhantes às suas. – respondeu.

– Faz dez anos que tivemos um treinamento com um mestre

de outra colônia mais elevada e, a partir daí, passei a treinar tal desapego, deixando de praticar hábitos materializados. Hoje já não necessito mais de alimentação substancial. A água fluidificada é o máximo que ingerimos.

– Todas as forças que precisamos pairam no veículo do pensamento. Por isso, você não consegue ver aqui os talheres e utensílio que está acostumado a ver em outros locais.

– Perceba que este cômodo é bem reduzido, pois não preciso de muito espaço para me acomodar, visto que quando estou aqui sozinha passo todo o tempo meditando, expandindo o espírito em tarefas em outras regiões.

– O sono também se extinguiu de mim, e o repouso que preciso é aquele interior, que me liga a Deus.

– É claro que tive de treinar muito minha mente para alcançar tal estágio evolutivo e, acima de tudo, desenvolver o amor.

– A caminhada evolutiva deve ser semelhante ao viajor que leva consigo milhares de lamparinas e as espalha pelo caminho. Ele não sabe quem vem no seu encalço. Se é seu familiar ou não, mas segue clareando a estrada para os que vem na retaguarda.

– O amor é isso: seguir adiante espalhando bênçãos. Não está condicionado às ligações próximas ou à convivência doméstica, mas sim a um estado de espírito que envolve em grandeza, moral e luz. É um sentimento formado por inúmeros outros, abrangendo a vida dos que se aproximam de forma incondicional e feliz.

– É pena que na Terra a maioria dos encarnados ainda confunda o amor com a paixão e o egoísmo, retardando, assim, a extinção do orgulho.

– Nunca pensei assim... – falei, tentando entender melhor as lições repassadas ali por minha avó, informalmente.

– Acho que vai demorar um pouco para que os habitantes do planeta pensem desta forma.

– Tudo é uma questão de foco. – complementou minha avó.

– Quem se concentra na reforma moral com certeza dará prioridade a estas verdades.

Nossa conversa foi se estendendo em nível cada vez mais evoluído, enquanto minha avó me chamava para dar uma volta pela colônia.

Vi ali flores belíssimas, riachos cristalinos, fontes artisticamente decoradas.

Os transeuntes nos cumprimentavam com doçura e amor. A impressão que me dava era de que só eu não era conhecido ali, pois minha avó conhecia a todos.

Vi também salas de estudos e grupos muito grandes de pessoas entregues à meditação como que em êxtase, paralisadas ao sabor da luz solar.

Seus rostos iluminados demonstravam alegria interior e transpareciam felicidade.

Passei o dia todo com ela. Aprendi mais do que se tivesse lido uma enciclopédia.

Aquele lugar era de uma beleza nunca vista antes por mim. Meu coração cheio de paz aspirava amor, mas a tarde já tinha chegado e eu deveria voltar para casa, onde era o meu lugar por enquanto. Assim, retornamos.

Depois de me despedir de minha avó, procurei o Dimas para relatar minha experiência.

Contei o que vi e senti e ele me falou:

– Que bom que se sentiu tão à vontade. Não são todos que se afinam com aquela colônia devido à distância que estamos deles moralmente.

– A vida, Gabriel, é obra do amor de Deus, e quanto mais estendemos parte de nós aos semelhantes, mais multiplicamos forças benditas em nosso interior.

– O amor é algo que quanto mais se dá, mais se tem.

– Temos de amar cada vez mais e reclamar sempre menos. Nossos caprichos devem ceder às noções de igualdade.

– O que somos senão tarefeiros do Senhor seguindo o rumo de Sua luz e bondade?

– Todo ato egoísta ou orgulhoso é um peso que atrelamos ao espírito e que sofrerá na atualidade ou no futuro, para se desembaraçar desse emaranhado que criamos no coração.

– É o amor, Gabriel, que nos eleva ao Senhor.

– Quanto mais buscamos esta força, mais felizes seremos.

Dimas, sempre muito claro, me encheu ainda mais de alegria. E sem demorar saí para contar aos meus colegas, desejando que eles, assim como eu, possam almejar um futuro assim, pois, se somos eternos, o futuro é nossa maior certeza...

eternidade...

Entendendo o espírito

Não saberíamos contabilizar o que a desencarnação nos trouxe de benefícios, mas o mais marcante para nós é a disposição ao atendimento humanitário, o desejo confesso de ajudar, a certeza de que a vida vale pelo amor que doamos na atmosfera do bem.

Eduquei meus sentidos a fim de entender melhor o Evangelho. O limite da caridade é tão infinito quanto o amor. É a doação de si mesmo na causa do bem.

É tão nobre e satisfatória quanto a paz que se recebe por mérito. Aqui, neste Plano de desencarnados, somos continuadores da mesma fé que anima as almas dos encarnados, e colhemos os mesmos méritos que podem nascer de seus atos beneméritos.

Perceber a necessidade é trabalho do dia a dia. Socorrer o necessitado é obrigação nossa de todo momento.

Quanto mais nos aprofundamos na Causa do Amor ao Próximo, mais descobrimos que tudo que se faça ainda é pouco, perante nossas dívidas espirituais.

A caridade não se prende ao pão, mas ao gesto que a viabiliza. Não se prende à prestação de auxílio, mas ao amor com que leva o auxílio. Não está no ouvido que se empresta ao desabafo, mas na intenção de quem se põe a ouvir sem julgar.

A caridade não está na distribuição do Evangelho falado ou decorado, mas na ação crística que perdoa em silêncio. Não está na roupa que veste o pedinte, mas sim no calor que enviamos com ela.

A caridade não se verifica unicamente no seio dos cristãos, mas no coração dos justos, que aprenderam a amar de verdade.

Nosso maior esforço por aqui não é estudar e escrever bonito, nem diminuir nossa saudade familiar, nem evoluir às esferas mais altas, mas sim aprender que não sairemos do lugar enquanto o orgulho for nosso defensor perante as querelas da vida. É nos adaptarmos à luz dos que, não sabendo orar, ministram lições de amor universal; não sabendo ler e escrever, ensinam os doutos da vida comum.

Cada minuto aqui é escola de Luz e Amor, mas não somente por nós, e sim para todos que seguem sua evolução rumo a Deus.

Não devemos olhar os caídos, mas mover forças para erguê-los.

Não devemos somente curar as feridas, antes é preciso evitar a queda e o sofrimento.

Para tudo há um caminho chamado Amor! É assim que poderemos começar a entender a palavra caridade.

Gabriel

21 de janeiro de 2012

Depoimento dos Pais de Gabriel

O 1º Livro: *Gabriel, Esperança Além da Vida*

Este relato, que escrevemos agora, não tem nenhuma pretensão de promover ou enaltecer a obra Gabriel, Esperança Além da Vida, escrita pelo nosso amado filho Gabriel e psicografada pelo médium e amigo Nilton.

Temos somente o objetivo de agradecer a Deus por ter permitido que as cartas do nosso "Gabri" se transformassem num esclarecedor retrato da continuidade da vida.

Mesmo com toda a nossa dor, não conseguimos mensurar a alegria de ver famílias sendo reconfortadas por saberem que seus entes amados somente mudaram de dimensão, e que continuam vivos em espírito, habitando um Plano Maior da vida, a caminho da evolução.

Se, no momento em que nos separamos do nosso filho, tivéssemos tido a oportunidade de ler algo tão esclarecedor, com certeza, teríamos recebido mais conforto e consolo. Não que isto nos livrasse da dor e do sofrimento, mas nos sentiríamos mais fortalecidos naquele instante, em relação ao que chamamos de perda.

Nós agradecemos a Deus cada criatura que se ergue, cada pessoa que continua o seu caminho, conduzida pelo esclarecimento deste livro, pois sei que nosso objetivo está sendo atingido.

Pedimos ao nosso Mestre Jesus, este Irmão inseparável que nos conduz sempre ao entendimento, que transforme tudo isto em bênçãos ao nosso amado filho e a todos que o ajudaram na preparação deste livro.

Mas, meus irmãos, podemos vestir uma máscara e enganar a todos, menos a Deus. Sabemos que Deus nos dá muito mais do que merecemos e não podemos reclamar, mas dizemos com toda franqueza que, apesar de todas estas cartas que recebemos, destes livros que vieram e outros que virão, como era bom quando nosso Gabri chegava em casa no final de semana, retornando da universidade e, com aquele sorriso maravilhoso, nos abraçava e dizia: *"E aí, qual é o programa para este final de semana?"*

Às vezes, nos questionamos: "Por que vivemos tão pouco, nesta existência, com esta pessoa tão amada e querida?" Não sabemos.

Não sabemos qual a distância que nos separa, mas sabemos que, com as mensagens e os livros, ela fica mais curta.

Deus nos deu dois filhos maravilhosos e faço minhas as palavras do nosso mentor amigo Dimas. Hoje temos o Guilherme, que é um anjo na Terra, e o Gabriel, que é um anjo no Céu.

Obrigado, Deus! Obrigado, Jesus! Obrigado, Dimas! Obrigado, "Gabri", filho querido, por nos trazer **Esperança além da vida** e agora **Amor na eternidade.**

Somos muito gratos também ao Nilton, nosso irmão e amigo médium, que tornou possível o recebimento das mensagens do nosso querido filho. Agradecemos ainda ao Saegusa, à

Claudia e a toda equipe Intelítera, assim como à grande família de irmãos e amigos que ganhamos e que continuamos a ganhar, os quais, sem saberem, nos ajudam a continuar nossa caminhada, lembrando sempre que Deus somente quer o melhor para nós e que Ele jamais, jamais separa as pessoas que se amam.

Muito obrigado!

Graças a Deus e ao infinito amor de Jesus.

Renato, Regina e Guilherme

São José do Rio Preto
14 de fevereiro de 2012

Gabriel, Esperança Além da Vida

Nilton Cesar Stuqui, pelo espírito Gabriel Martins

Emocionante. Gabriel, um jovem que desencarnou aos 20 anos, traz a certeza do reencontro, pois Deus jamais separa aqueles que se amam.

Uma Chance para o Perdão

Marcos Alencar, pelo espírito Luís Felipe

Assim como Deus nos dá liberdade para fazermos nossas escolhas, também nos cobra a colheita daquilo que plantamos e nos concede novas oportunidades para replantar sempre que for necessário.

Todo Amor Vale a Pena

Marilene Lavorente,
pelo espírito João de Deus

Este emocionante e envolvente romance se passa na época da escravidão. Uma história de amor que atravessa as barreiras da morte.

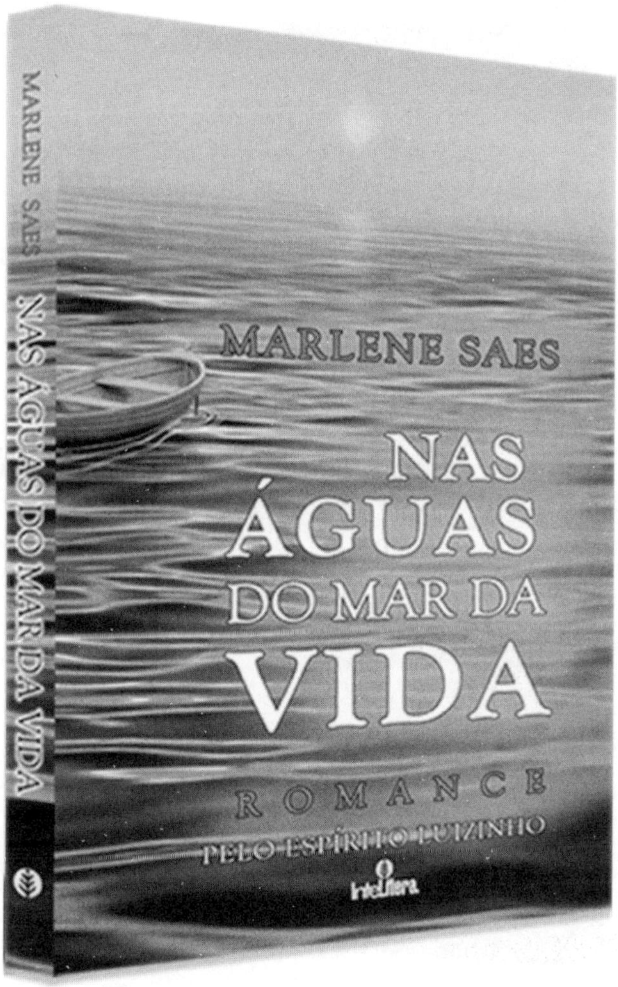

Nas Águas do Mar da Vida

Marlene Saes, pelo espírito Luízinho

Um romance envolvente e emocionante que trata da história de espíritos afins, marcados pela coragem e audácia, em três reencarnações diferentes, realizando provas difíceis, como forma de resgate de ações malsucedidas.

Flávia - Sonhos e Regressões

Ricardo Di Bernardi

Um romance emocionante baseado em uma história real, que traz um amor impossível do passado que floresce na vida atual e nos faz entender as leis de causa e efeito.

Cura e Libertação

José Carlos De Lucca

Neste livro, o leitor encontrará palavras que curam a nossa maneira de lidar com os problemas e que nos libertam do círculo vicioso do sofrimento.